GESTIONE del CAMBIAMENTO ORGANIZZATIVO nell' AZIENDA USL di AVEZZANO-SULMONA N. 1
- anni "90 -

Effetti delle politiche e le azioni degli attori chiamati ad operare

2^ edizione: marzo 2019
© autore: Claudio Lolli
ISBN 978-1-716-21828-6

Autore della copertina Claudio Lolli

L'autore: Claudio Lolli è dottore in Sociologia
dal 1987 al 1991 ha lavorato con la Data Base Informatica, come Analista Programmatore, e
dal 1991 con la Ausl Avezzano-Sulmona, Regione Abruzzo.
Lavori realizzati per le Università degli studi di Teramo, l'Aquila e di Chieti (G. D'Annunzio):
1) "Il sistema della valutazione in sanita'. L'Azienda Usl Avezzano-Sulmona n.1: un caso applicato di pianificazione sociale"
2) "Le Societa' Operaie di mutuo soccorso nella marsica: Avezzano e Luco dei Marsi" (n. 2 Case-Work)
3) "Qualità percepita nel Ser.T e Ser.A della Ausl Avezzano-Sulmona"
4) "L'invecchiamento della Popolozione e le RSA nell'Ausl Avezzano-Sulmona"
5) "Gestione del cambiamento organizzativo – l'efficacia del cambiamento"
6) "La comunicazione e le nuove tecnologie: Internet"
7) "L'appropriatezza dei ricoveri"
8) "Pregiudizi e atteggiamenti verso gli immigrati da parte degli studenti delle scuole secondarie superiori (di l'Aquila e di Avezzano)"

negli ambiti di disagio quali:
9) Mobbing
10) Tossicodipendenze
11) Alcolismo

sulla qualità di vita di due fasce di vita popolazione:
12) Stili di vita degli anziani nella marsica
13) Stili di vita degli studenti nelle scuole di Vasto

Pubblicazioni
1) Realizzazione e Pubblicazione "Carta dei Servizi" Ausl Avezzano-Sulmona n.1
2) Pubblicazione e Gestione del PORTALE Azienda Sanitaria Avezzano-Sulmona n.1 - a.2004 ==> www.aslavezzano.it

Gestore
1) PORTALE SANITA' REGIONE ABRUZZO area Ausl Avezzano-Sulmona: http://sanitapo.regione.abruzzo.it/mappasito.m
2) SITO INTERNET Aziendale della Ausl Avezzano-Sulmona - www.aslavezzano.it

Docente
Centro Formazione Professionale della Provincia dell'Aquila nella materia di Informatica

Esperto in Informatica
1) SPSS, ACCESS
2) Linguaggi programmazione: Pascal, Cobol, Basic, DBII, DBIII, DBIV e linguaggio C
3) Informatica applicata con i detti linguaggi
4) Sistemi: S/36, S/38, AS/400, Unix, DOS (Personal Computer)
5) DBMS, IDSII per la gestione base dati applicati a SQL, QBE e DBII (organizzazione di librerie ed archivi)
6) Microsoft Office

CAPITOLO 1
GESTIONE del CAMBIAMENTO ORGANIZZATIVO nell' AZIENDA USL di AVEZZANO-SULMONA N. 1 - anni "90 -

CAPITOLO 2

L'EFFICACIA DEL CAMBIAMENTO ORGANIZZATIVO

PREMESSA

I propositi di questo testo sono quelli di capire e mettere in evidenza quanto sia importante una metodologia manageriale che fornisca adeguate chiavi di comprensione dei fenomeni di cambiamento organizzativo. In funzione delle caratteristiche specifiche di ciascun cambiamento, è necessario indirizzare l'azienda verso gli interventi organizzativi, sociali e gestionali di volta in volta più efficaci. Affrontare professionalmente un cambiamento organizzativo significa possedere delle capacità diagnostiche, delle capacità progettuali e delle capacità di leadership.

Le capacità diagnostiche sono indispensabili per percepire anticipatamente le esigenze di cambiamento quando ancora non si sono manifestate in modo critico, nonché per interpretare quello che avviene nell'organizzazione durante tutto il processo di transizione.

Le capacità progettuali servono nella formulazione sia del progetto di cambiamento in generale, sia nel piano delle singole iniziative;

La capacità di leadership é vitale per poter governare/pilotare nel tempo la realizzazione del cambiamento.

Non sempre il cambiamento stabilito da una legge o da un regolamento diviene di facile applicazione: esso dovrà far fronte ad una serie di ostacoli: politici, capacità di governare, comunicazione interna ed esterna ed altre.

Al riguardo si analizza un caso di cambiamento organizzativo rilevando i diversi aspetti negativi, che non hanno permesso la realizzazione di obiettivi pianificati a monte, che non consideravano la problematicità a cui doveva far fronte l'organo direzionale della struttura. Questo per capire l'importanza del contesto e poter agire, in seguito, con altri presupposti senz'altro meno sprovveduti. Il Change Management contiene i seguenti ingredienti:

visioning e progettualità del sistema, organizzativo diagnosi dell'identità, sociale del sistema in cambiamento, identificazione delle aree di cambiamento, strategia e leve di cambiamento da utilizzare, organizzazione e misurazione per seguire il cambiamento

L'output è il progetto, nel quale si concretizza la vision: come dovrebbe diventare il sistema organizzativo (obiettivi, processi, strutture, sistemi operativi, competenze, meccanismi di apprendimento) e quali elementi si dovrebbero cambiare per colmare il delta tra stato attuale a stato atteso.

L'analisi dell'identità sociale consente di capire quali sono le prevedibili resistenze al cambiamento o, per converso, gli aspetti da valorizzare e a cui "ancorarsi". Bisogna analizzare la storia del sistema organizzativo in cambiamento, la sua cultura, le relazioni di potere, il clima. Le aree di cambiamento risultano confrontando progetto e identità sociale. La crescita di un processo di cambiamento richiede la scelta delle leve di cambiamento (leve soft e leve hard) e l'organizzazione per il cambiamento stesso e quindi una particolare attenzione a: la comunicazione interna,

5   Claudio Lolli

lo sviluppo della leadership del cambiamento, la costruzione di alleanze e consenso, la visibilità.

CAPITOLO 1
GESTIONE del CAMBIAMENTO ORGANIZZATIVO nell'AZIENDA USL di AVEZZANO-SULMONA N. 1 - anni "90 –

Par. 1. LA COSTITUZIONE DELL'AZIENDA USL DI AVEZZANO-SULMONA n. 1

L'azienda USL di Avezzano-Sulmona è stata istituita con la **L.R. n. 72 del 25.10.1994** che, in attuazione del **decreto 502/92**, ha proceduto all'accorpamento delle precedenti 15 USL regionali, istituendo 6 nuove aziende sanitarie locali. In particolare, l'ASL è sorta dall'unione delle tre precedenti unità sanitarie locali rispettivamente di Avezzano, Sulmona e Castel di Sangro.

Per comprendere il significato e il contesto nel quale si inserisce il processo di aziendalizzazione delle USL in questa regione, è opportuno fare qualche passo a ritroso e ripercorrere alcune tappe dello sviluppo del sistema sanitario regionale.

1.1. Il sistema sanitario regionale

Le USL erano state istituite nel 1980 (in attuazione della L.833/78). Definendo per ciascuna di esse gli ambiti e il modello organizzativo, con l'assunzione da parte della Regione di un ruolo guida di programmazione, integrazione e coordinamento. Tuttavia l'attuazione della riform sanitaria ha incontrato negli anni successivi grosse difficoltà; infatti nel 1990, a dieci anni dalla sua emanazione, la legge regionale appariva ancora incompiuta sotto molteplici aspetti:

• l'articolazione della struttura organizzativa dell'Assessorato regionale alla sanità era ancora quella preesistente al 1980, con una forte penalizzazione delle nuove funzioni di programmazione sanitaria, affidate ad un unico Ufficio di limitate dimensioni, l'assenza di un Osservatorio epidemiologico regionale, la vacanza dell'80% dei ruoli dirigenziali, l'assenza di alcune funzioni di supporto e delle relative competenze professionali (CED, controllo di gestione, ecc.);

• la persistenza di un meccanismo di finanziamento delle USL basato sul criterio della spesa storica, parzialmente corretto, a partire dal 1990, da un calcolo della mobilità infraregionale in termini di ricoveri;

• le USL non avevano ancora adottato il nuovo modello organizzativo previsto dalla L.R. n. 10 del 1980;

• la Regione non si era ancora dotata di uno strumento programmatorio unico e efficace (il Piano sanitario regionale).

Quest'ultimo punto, vale a dire la mancata stesura e approvazione di un Piano Sanitario Regionale, comportava l'inattuazione di una serie di interventi di riforma già previsti dalla 833/78 e ripresi dalla L.R. 10/80:

> • la riorganizzazione della rete ospedaliera
> • l'attivazione dei distretti sanitari di base
> • l'approvazione delle piante organiche delle USL
> • il riordino dei servizi e dei meccanismi di finanziamento delle USL
> • la riorganizzazione dello stesso Assessorato alla sanità
> • politiche per la formazione e per la ricerca sanitaria
> • l'istituzione delle rete di emergenza regionale
> • l'adeguamento dei sistemi informativi
> • politiche mirate verso categorie di utenti (anziani, disabili psichici. handicap).

In questo quadro, le USL operavano come isole autonome, da un lato prive del supporto programmatorio regionale, dall'altro non sottoposte ad alcun intervento di controllo e di valutazione dei risultati. Se l'innovazione faceva fatica ad arrivare dall'alto, dal basso la capacità di programmazione e organizzazione delle singole USL appariva comunque in generale carente. Tranne alcuni casi, assai rari e circoscritti, il quadro generale era di scarsa informatizzazione delle attività, di assenza di strumenti di programmazione e controllo delle risorse, di forte autonomia professionale degli operatori e di centralizzazione assoluta dei presidi ospedalieri.

A monte di tutto, si era consolidata una gestione delle risorse fortemente condizionata (se non subordinata) da logiche politiche locali, con un'ingerenza costante dei partiti, dei sindacati, di amministratori e di figure varie di rilievo locale, nelle principali scelte di gestione (assunzioni, carriere dei medici, apertura/chiusura di servizi, investimenti, ecc.).

All'inizio degli anni '90, con lo scioglimento dei Comitati di gestione e il commissariamento delle USL, il sistema sanitario regionale veniva attraversato da un ulteriore crisi di instabilità: se da una lato esso costituiva un fenomeno di rottura che poneva fine o limitava l'autarchia e l'incontrollabilità delle precedenti gestioni, dall'altro rallentava ulteriormente il processo di attuazione della riforma sanitaria. Il primo Piano Sanitario Regionale (1990-1992), ormai ultimato nei suoi contenuti, non veniva approvato; il sistema entrava in una fase di gestione transitoria, in attesa dell'evoluzione del dibattito parlamentare sulla "riforma della riforma".

Negli anni successivi, che hanno visto in questa regione l'emergere di alcuni scandali trainati dall'"effetto Tangentopoli", il quale non ha risparmiato la sanità, lo sviluppo del sistema regionale si è focalizzato principalmente intorno al dibattito istituzionale sui criteri di accorpamento delle USL. E' significativo che la quasi totalità degli articoli di giornale del periodo, relativi all'approvazione del nuovo Piano Sanitario Regionale, sollevino come problema maggiore, se non unico, quello della determinazione del numero e delle dimensioni delle nuove aziende sanitarie regionali.

La L.R. n. 72 del 25 ottobre 1994, che istituisce le 6 ASL e approva il Piano Sanitario Regionale 1994-1996, segna un importante momento di rinnovamento del servizio sanitario regionale.

Tuttavia, l'iter che conduce all'approvazione della legge è caratterizzato da accesi dibattiti, sia in sede regionale che presso la pubblica opinione, con mobilitazioni dei cittadini e interventi di figure di rilievo nazionale; dibattiti che, come vedremo in seguito. permangono tuttora in corso a tre anni di distanza e non pervengono ancora ad una risoluzione definitiva. I diversi gruppi politici proponevano soluzioni diverse rispetto al numero di aziende da istituire: per alcuni esse dovevano essere 4 (una per provincia), per altri occorreva un'unica azienda regionale, altri ancora proponevano l'istituzione di 4 ASL e di 4 aziende ospedaliere (nei 4 capoluoghi di provincia). Prevalse infine la costituzione delle attuali 6 ASL poi approvate:

• l'ASL n. 1, nata dall'accorpamento di tre USL   (71 comuni per circa 200.000 ab)
• l'ASL n. 2, coincidente con il territorio della ex-USL (35 comuni per circa 98.000 ab)
• l'ASL n. 3, nata dall'accorpamento di due USL   (28 comuni per circa 185.000 ab)
• l'ASL n. 4, nata dall'accorpamento di due USL   (76 comuni per circa 210.000 ab)
• l'ASL n. 5, nata dall'accorpamento di tre USL   (46 comuni per circa 287.000 ab)
• l'ASL n. 6, nata dall'accorpamento di quattro USL   (47 comuni per circa 278.000 ab)

Non sono presenti aziende ospedaliere.

1.2. La costituzione dell'ASL di Avezzano-Sulmona

L'ASL di Avezzano-Sulmona è dunque una delle due ASL in cui è stata suddivisa la provincia in cui opera, ed è sorta dall'accorpamento di tre precedenti USL.

Come si evince dai dati (71 comuni e circa 200.000 abitanti), si tratta di un'azienda dalle vaste dimensioni territoriali, operante su una superficie pari a quasi un terzo dell'intero territorio regionale e costituita per buona parte (più di 3.000 kmq) da zone montane. La densita abitativa è molto bassa e la popolazione è frazionata sul territorio dei 71 comuni presenti, una ventina presenta una popolazione inferiore ai 1.000 abitanti. Inoltre, soprattutto nelle aree periferiche e montane, la popolazione ultrasessantacinque raggiunge anche il *30%* del totale.

Come per le altre ASL, anche per questa il dibattito in sede regionale e nei singoli comuni sugli ambiti territoriali è stato molto acceso. Per ragioni di antica rivalità e radicato campanilismo, l'accorpamento tra Sulmona, Avezano e Castel di Sangro è stato fortemente osteggiato dalle popolazioni e soprattutto dagli amministratori locali. In particolare tra Sulmona e Avezzano, due cittadine di antiche origini e tradizioni che, pur non essendo capoluoghi di provincia, hanno sempre cercato di mantenere una loro autonomia politica e culturale in ambito regionale; in questi ultimi anni in particolare, data anche la lontananza geografica dal capoluogo di provincia, entrambe si sono proposte come nuove province da istituire, anche se tuttora nessuna delle due è stata accettata.

Dal punto di vista geografico, i territori di competenza delle tre ex-USL sono ben distinti e delimitati:

• Castel di Sangro occupa una zona prettamente montana (12 comuni, 17.000 abitanti), posta al confine con un'altra regione;

• Sulmona si estendelungo tutta una vallata (24 comuni. 55.000 abitanti), racchiusa tra due catene di monti;

• Avezzano comprende una vasta area più densamente abitata, in parte pianeggiante, in parte montana (35 comuni e 128.000 abitanti), confinante con un'altra regione.

La separazione fisica, che rende i collegamenti viari non sempre agevoli, nonché la rivalità tra Avezzano e Sulmona e la mancanza all'interno dell'ASL di un centro di riferimento principale, hanno reso da subito problematica la definizione dell'assetto istituzionale e organizzativo della nuova azienda.

Il primo problema è sorto per l'individuazione della sede legale. Per lunghi mesi, dopo l'istituzione dell'ASL, sindaci e amministratori locali hanno condotto una serrata lotta politica, fatta di comizi, riunioni, alleanze, negoziazioni segrete e conferenze stampa per vincere la battaglia della sede legale dell'azienda. Da un lato i fautori di Avezzano, forti della maggiore dimensione della ex-USL e della maggiore rilevanza dell'offerta di servizi sanitari; dall'altra una coalizione Sulmona-Castel di Sangro, entrambi determinate a non farsi "espropriare la USL". Alcune voci sostenevano che Sulmona l'avrebbe spuntata, a patto di rinunciare (a favore di Avezzano) alla candidatura a provincia autonoma...

Finché in una votazione la conferenza dei Sindaci ha espresso parere favorevole per localizzare la sede legale a Castel di Sangro (con 22 voti contro i 20 a favore di Avezzano); "tra i due litiganti", aveva vinto il centro più piccolo e più decentrato dell'azienda. Alcuni amministratori e sindaci della ex-USL di Avezzano hanno presentato ricorso al TAR per invalidare la

9   Claudio Lolli

decisione, in quanto la votazione non era stata posta all'ordine del giorno. Successivamente, il TAR ha espresso parere favorevole in merito al ricorso e quindi si è resa necessaria una nuova espressione di parere da parte della Conferenza dei Sindaci. A quasi un anno dalla costituzione dell'azienda, la scelta della sede per questa ASL "tricefala" era ancora da definire.

Dopo alterne vicende, l'assemblea dei sindaci nominò un comitato ristretto che espresse un parere in favore dello spostamento della sede legale ad Avezzano. Allo stato attuale dei fatti, la sede legale resta ancora ubicata a Castel di Sangro, mentre di articoli di giornale riportano interventi e prese di posizione polemiche sull'argomento da parte di amministratori locali, che reclamano un intervento risolutivo della Regione. D'altronde, a prescindere dall'ubicazione della sede legale, in tutto questo periodo non è mai venuto meno il fronte di coloro (tra cui anche gli stessi sindaci) che chiedono insistentemente alla Regione di rivedere il piano di accorparnento delle tre USL con il parziale ripristino dello "status quo", vale a dire lo sdoppiamento dell'azienda e la costituzione di due ASL autonome (Avezzano e Sulmona-Castel di Sangro).

Per quanto riguarda la localizzazione delle sedi del Direttore Amministrativo e del Direttore Sanitario dell'azienda, esse sono state rispettivamente collocate a Sulmona e ad Avezzano. Il perpetuarsi delle polemiche (non ultima quella sulla nomina del Direttore Generale, che ha lasciato uno strascico di proteste e di ricorsi amministrativi) non ha comunque impedito la costituzione dell'azienda e l'insediamento del nuovo Direttore Generale, nominato nel gennaio 1995.

Par. 2. VENTI DI CAMBIAMENTO: IL PERIODO DELLE RIFORME

2.1. La situazione all'arrivo del Direttore Generale

Al suo arrivo, il Direttore Generale si trovava dinanzi tre USL autonome, ognuna con caratteristiche e problemi propri e con pochissimi contatti reciproci, e soprattutto un'azienda totalmente da costruire.

La ex-USL di Avezzano

La USL di Avezzano si sarebbe potuta definire come una USL con un buon livello di prestazione dei servizi sanitari ospedalieri ma con costi assolutamente incontrollati. Il piesidio ospedaliero di Avezzano era di recente costruzione e di medie dimensioni (330 pl), dotato di un buon livello di attrezzature tecnologiche e di aree specialistiche, che attraevano anche da un bacino di utenza extra-regionale. Ad esso erano associati altri due poli ospedalieri di piccole dimensioni (inferiori a 100 pl), ubicati in due comuni periferici Pescina e Tagliacozzo, che il Piano Sanitario Regionale aveva attribuito all'unico presidio di Avezzano.

Sul territorio erano presenti anche 5 cliniche private (di cui 4 convenzionate), con circa 550 pl complessivi (di cui 400 convenzionati).

I servizi territoriali erano scarsamente sviluppati. Dal punto di vista gestionale, il problema principale che il nuovo Direttore Generale si trovava ad affrontare era la presenza di un enorme deficit di bilancio e di una serie di situazioni amministrative fortemente critiche (pagamenti ai fornitori non fatti, migliaia di cause in corso, straordinari e incentivi non pagati da anni).

Tradizionalmente i servizi amministrativi erano stati poco sviluppati, a confronto con quelli sanitari: l'informatizzazione era solo agli inizi, non esistevano meccanismi di controllo o di ripartizione della spesa per centri di costo.

La ex-USL di Sulmona

La USL di Sulmona appariva in una situazione quasi speculare a quella di Avezzano: servizi sanitari scadenti ma a costi sostenibili. L'unico presidio ospedaliero presente sul territorio, con circa 250 pl, era una struttura in parte fatiscente, con un'unica area nuova. Per anni le attività erano state svolte senza particolari interventi di potenziamento di alcune specialità, di valorizzazione di professionalità interne, di riqualificazione del personale e ammodernamento delle strutture. A questo andava aggiunta la concorrenza fortissima da parte del vicino presidio ospedaliero di Popoli, ubicato a soli 20 chilometri di distanza. Nel corso degli anni 80 l'ospedale di Popoli aveva progressivamente "drenato" la domanda della USL di Sulmona, favorito anche dalla presenza di molti ambulatori di propri medici ospedalieri sul territorio della USL di Sulmona e dall'azione di "boicottaggio" da parte dei medici di base sulmontini nei confronti del presidio locale (secondo quanto dichiarato dai medici ospedalieri di Sulmona, i medici di base hanno sempre osteggiato il ricovero dei propri pazienti a Sulmona).

In ogni caso, a prescindere dalle cause storiche, il presidio ospedaliero di Sulmona si presentava al nuovo Direttore Generale come un ospedale di base, dotato di una scarsa attività specialistica, con personale demotivato e fortemente sfiduciato dalla popolazione. Se l'area sanitaria appariva abbandonata, quella amministrativa si presentava invece con una certa capacità di innovazione e di razionalizzazione nell'uso delle risorse: infornrntizzazione del bilancio, sistema di rilevazione delle presenze e di gestione dei magazzini, introduzione di un sistema di centri di spesa e di budgetizzazione dei consumi, apertura del Centro Unico di Prenotazione. Sui territorio non erano stati attivati i distretti sanitari.

Vi era poi un'unica clinica privata convenzionata di piccole dimensioni (circa 40 pl).

La ex-USL di Castel di Sangro

La USL di Castl di Sangro si presentava come la meno complessa, date le dimensioni molto ridotte. Pur mancando un'attenzione alla razionalizzazione nell'uso delle risorse, i bassi volumi di attività avevano impedito che la situazione finanziaria si deteriorasse in modo

Claudio Lolli

drammatico come ad Avezzano; dal punto di vista gestionale si rilevava comunque la stessa arretratezza dei sistemi gestionali e delle logiche di programmazione.

Il modello era quello dell'offerta di servizi di base con costi di gestione abbastanza elevati. L'ospedale si presentava come l'unica struttura presente sui territorio, quest'ultimo caratterizzato dalla quasi totalità di zone montane e dall'elevata anzianità della popolazione (e quindi dei pazienti).

Nessun investimento particolare era stato fatto sull'ospedale o su altri servizi territoriali; l'offerta sanitaria di base gravitava su altri presidi regionali per interventi di tipo specialistico.

Non esistevano strutture private.

2.2. Le priorità del DG

Al momento dell'insediamento,i problemi che il nuovo DG si trovava ad affrontare erano molteplici. Da un puntodi vista analitico, tali problemi erano conducibili sia alle strutture che alla gestione.

Problemi di struttura:

• la situazione critica degli ospedali, i quali (fatta eccezione unicamente per quello di Avezano) utilizzavano spazi, strutture e locali per lo più fatiscenti;

• la centralità dell'ospedale come luogo di erogazione dei servizi (oltretutto si tratta per la maggior parte di prestazioni sanitarie di base, a basso contenuto specialistico), nella quasi totale assenza di servizi territoriali;

• l'esigenza di razionalizzazione dei posti letto, in attuazione anche della delega ai Direttori Generali disposta dal piano sanitario regionale:

'I Direttori Generali provvederanno a riorganizzare i presidi ospedalieri definiti nel presente provvedimento, insistenti nel territorio dell'azienda USL di loro competenza,... [...]. Il processo di riorganizzazione dei presidi ospedalieri dovrà prevedere la contestuale riconversione dei reparti ospedalieri non rientranti negli standards di cui al presente piano. [...] Il processo di riorganizzazione dei presidi ospedalieri dovrà essere portato a compimento entro il primo anno di vigenza del piano, sulla base degli indici del presente provvedimento, utilizzando i coefficienti di attività sia qualitativa che quantitativa sviluppati dalle singole unità operative negli ultimi due anni."

Problemi di gestione

• razionalizzazione nell'uso delle risorse, chiudendo la gestione a stralcio delle precedenti USL e uniformando i meccanismi di gestione delle risorse;

• introduzione di meccanismi di integrazione tra le diverse strutture e "anime"   dell'azienda:

• Sulmona, che presentava un'area amministrativa più avanzata, a fronte di un'area sanitaria "depressa";

• Avezzano con un'area sanitaria privilegiata ma con la quasi totale assenza di controllo; • Castel di Sangro, area isolata, con livelli di prestazione alquanto limitati sia per volumi che per tipologia, e comunque con un basso controllo.

Nell'affrontare questi problemi, il Direttore Generale individuava come priorità di fondo quella di dare un indirizzo strategico unitario all'azienda e di realizzare, dal punto di vista operativo, la necessaria integrazione delle attività e delle procedure.

Se l'azienda era stata istituita da un punto di vista formale, si trattava ora di cosfruirla dal punto di vista organizzativo e gestionale. L'integrazione dei servizi e l'individuazione di un'unica visione, un unico piano di azione, era il primo passaggio da realizzare.

2.3. Le azioni intraprese dal DG: gli assi della riforma

A partire dal febbraio 1995 si avvia all'interno della ASL un periodo di riforme e di profondi sconvolgiinenti degli assetti consolidati. Nel giro di pochi mesi il Direttore Generale, affiancato dal Direttore Sanitario e dal Direttore Amministrativo da lui nominati, dà avvio ad una serie di interventi che intendono segnare una cesura rispetto alle passate gestioni al fine di riqualificare l'offerta di servizi e di migliorare sensibilmente i risultati raggiunti Tali interventi possono essere suddivisi in quattro blocchi, come mostra la figura:

Figura 1   Gli assi di intervento del Direttore Generale

I. La strategia

Dopo quattro mesi dal suo insediamento la Direzione Generale elabora un documento strategico e programmatico dell'azienda (giugno 1995), attraverso il quale pone le basi per un processo di rinnovamento profondo.

Gli obiettivi generali sono i seguenti:

1) avviare un processo di cambiamento radicale coerentemente con quanto indicato nel D. Lgs. 502/92 e successive modificazioni;

2) rendere il più coerenti possibile fra loro le risorse messe a disposizione dell'Azienda ed i prodotti e rjsuftati delle attività sanitarie;

13   Claudio Lolli

3) unificare in un unico sistema aziendale integrato "tutte le componenti delle tre ex-USSL che hanno dato vita all'azienda;

4) spostare una consistente parte delle risorse economiche oggi impegnate nel privato convenzionato verso le "componenti" dell'Azienda con una elevata specializzazione di quest'ultima;

5) aumentare visibilmente l'accettabilità e la soddisfazione della popolazione che si rivolge all'Azienda e contestualmente l'accessibilità dei suoi servizi;

6) costruire, attivare e mettere a regime strumenti gestionali idbnei al governo del sistema aziendale che si presenta, anche ad un'osservazione superficiale, come un sistema molto complesso e di grandissime dimensioni:

Le azioni strategiche su cui il documento si concentra in questa prima fase (le priorità) sono:

- la riorganizzazione del sistema
- il controllo di gestione
- i rapporti con l'utente

RIORGANIZZAZIONE DEL SISTEMA

Viene proposto un nuovo modello organizzativo che distingue tre aree (centrale, ospedaliera e territoriale) e organizza ogni area per Dipartimenti. (si veda la figura 2)

- **Area centrale** (Direzione generale, servizi amministrativi e sanitari centrali), con 5 sottoaree:
  - Direzione Generale
  - Dipartimenti amministrativi / tecnici:
    - Bilancio e risorse finanziarie
    - Provveditorato e Economato
    - Amministrazione del personale
    - Tecnologie e strutture
  - Dipartimenti sanitari
    - Dipartimento Assistenza ospedaliera
    - Dipartimento Assistenza Sanitaria Extra-ospedaliera
    - Dipartimento Materno-Infantile
    - Dipartimento Salute Mentale
    - Dipartimento di Prevenzione
  - Uffici di staff, così articolati
    - Ufficio Controllo di Gestione
    - Ufficio Pubbliche Relazioni
    - Ufficio Formazione
    - Ufficio Relazioni sindacali
    - Ufficio legale
  - Organismi coflegiali
    - Conferenza dei Sindaci
    - Collegio dei Revisori
    - Consiglio dei Sanitari
- **Area territoriale**

I distretti sanitari di base vengono visti come il centro del sistema produttivo cui si raccordano funzionalmente i dipartimenti centrali e ospedalieri

• **Area ospedaliera**

I 5 presidi diventano aziende nell'azienda. Al loro interno vengono istituiti i Dipartimenti:

Il servizio di Pronto Soccorso-accettazione è inserito nel servizio territoriale per l'emergenza-urgenza.

CONTROLLO DI GESTIONE

Si prevede l'introduzione di un sistema di valutazione e di controllo della gestione attraverso un insieme di indicatori di economicità, di produttività e di qualità.

Il Piano strategico non entra nel merito della progettazione del sistema, ma indica tutti gli elementi che dovranno essere presi in considerazione e individuati a tal fine:

• le funzioni del controllo di gestione
• i fattori da monitorare e valutare
• gli strumenti operativi e la metodologia del controllo
• il modello organizzativo di riferimento

RAPPORTI CON I CITTADINI

Il Piano strategico indica alcune azioni proiritarie che l'azienda deve compiere per favorire la partecipazione e la tutela dei diritti dei cittadini, in particolare attraverso il coinvolgimento e forme di collaborazione con le organizzazioni di tutela e di volontariato.

Per ogni macro area vengono enunciate delle linee programmatiche specifiche e dettagliate, che definiscono tutti gli obiettivi da raggiungere, le azioni da intraprendere e i tempi entro cui portarle a compimento.

II. Organizzazione

Coerentemente con il piano strategico, si dà avvio ad una serie di interventi di riorganizzazione dell'azienda, che incidono innanzitutto sul sistema delle responsabilità e sulle relazioni tra le tre ex-USL, oltre che sulle dotazione di personale nelle diverse unità operative. Tali interventi si concretano in alcune deliberazioni dell'azienda.

• L'approvazione del nuovo modello organizzativo dell'azienda (giugno 1995)-
• L'istituzione di tutti i dipartimenti amministrativi e i dipartimenti sanitari di area centrale, con la nomina dei relativi responsabili, delegati a redigere e presentare in tempi brevi un regolamento di organizzazione del Dipartimento (giugno-dicembre 1995)
• Il conferimento dei poteri gestionali e l'attribuzione delle connesse responsabilità al personale dirigente, in applicazione del decreto 29/93 (dicembre 1995)
• La costituzione e la stesura del regolamento del Nucleo di Valutazione dell'azienda (agosto-settembre 1995)

15   Claudio Lolli

• L'approvazione dei regolamenti dei singoli dipartimenti (marzo-maggio 1996)
• La rilevazione dei carichi di lavoro e la conseguente rideterminazione della pianta organica (maggio 1996)

III . Gestione delle risorse

fl terzo "blocco" di interventi promossi dal Direttore Generale riguarda la razionalizzazione nell'uso delle risorse economico-finanziarie, con il tentativo di introdurre logiche e strumenti di gestione innovativi e soprattutto uguali per tutti. • Portare a compimento il risanamento e la gestione a stralcio degli esercizi precedenti (soprattutto per quanto riguarda Avellana e Montefiore)
• Avviare un sistema di rilevazione contabile unico per le *tre* sezioni
• Mettere a gara tutti gli acquisti dell' azienda, eentrahzzando alcune gare
• Dotare l'azienda di un sistema informativo unico (adeguamento di hardware e software)

IV Rete ospedaliera

L'ultima serie di interventi riguarda in particolare ia riorganizzazione dell'offerta ospedaliera, attraverso la definizione di nuovi modelli organizzativi e la rideterminazione dei posti letto
• I cinque presidi ospedalieri dell'azienda vengono così caratterizzati (giugno 1995):
> • Polo ospedaliero per acuti di Avezzano (330 pl)
> • Polo ospedaliero per acuti di Sulmona (273 pl)
> • Polo ospedaliero per acuti di Castel di Sangro (126 pl)
> • Polo geriatrico di Pescina (95 pl)
> • Polo riabilitativo di Tagliacozzo (95 pl)
• Vengono istituiti i dipartimenti ospedalieri (marzo 1996)
I poli ospedalieri per acuti hanno alloro interno i seguenti Dipartimenti:
> • Dipartimento di Medicina
> • Dipartimento di Chirurgia
> • Dipartimento di Materno Infantile
> • Dipartimento di Terapia intensiva
> • Dipartimento di Immagini
> • Dipartimento di Servizi di diagnosi e cura

Il Dipartimento è presieduto a rotazione da un primario dirigente di 2° livello.
Ogni Dipartimento verrà organizzato al suo interno in Unità Operative e in Moduli.
Ogni Responsabile di Dipartimento entro 15 giorni è tenuto a presentare una proposta di regolamento del proprio Dipartimento.
Il polo geriatrico e il polo riabilitativo. in attesa della loro riconversione. dipendono temporaneamente dai singoli Dipartimenti del polo per acuti di

Avezzano; dopo la loro riconversione dipenderanno dal Dipartimento di riabilitazione e lungodegenza dell'azienda.

• Viene adottato un regolamento di funzionamento dei poli ospedalieri dell'azienda (maggio 1996).

Nell'arco di un periodo di tempo alquanto ristretto (circa 15 mesi). il nuovo vertice aziendale aveva messo in cantiere una serie di azioni di cambiamento che andavano a impattare con le abitudini consolidate e la rigidità del sistema.

Uno dei collaboratori di allora del Direttore Generale: *"Si lavorava fino alle 2, al/e 3 di notte. Era una cosa impossibile da sostenere. Dovevamo far fronte a tutte le disfunzioni della disorganizzazione e ajt5ontare tutte le esigenze. Perpetrando la solita logica personalistica, tutti volevano parlare con il direttore generale o con il direttore amministrativo.... Il Direttore Generale era disponibile ma nessuno lo contraddiceva..."*

Questo periodo di riforme doveva però scontrarsi con alcune difficoltà di attuazione, che aprivano un periodo di forti conflitti all'interno e all'esterno dell'azienda, in un turbinio di eventi "di siloniana memoria"..

Par. 3. LA "VICENDA" DELL'OSPEDALE DI PESCINA
3.1. Il piano di riconversione dei piccoli ospedali di Pescina e Tagliacozzo
La Regione, attraverso il Piano Sanitario, richiedeva ai Direttori Generali delle ASL di elaborare in tempi brevi una proposta in merito all'utilizzo dei piccoli ospedali. La posizione del Direttore Generale dcll'ASL di Avezzano-Sulmona non fu quella di chiudere i due piccoli presidi di Pescina e Tagliacozzo, bensì di riconvertire e di specializzare tali strutture. Avezzano, Pescina e Tagliaczzo divenivano tre presidi di un unico polo:

• Avezzano manteneva il suo ruolo di presidio centrale di riferimento per acuti,

• Pescina (20 chilometri da Avezzano) veniva riconvertito in polo specialistico geriatrico, con 20 posti letto di geriatria, 20 di riabilitazione, 20 di lungodegenza e 10 di psichiatria, mantenendo nel frattempo 20 pl di Medicina. Venivano invece disattivate le Divisioni di Chirurgia generale (trasferita ad Avezzano) e di Ostetricia/Ginecologia.

• Tagliacozzo (15 chilometri da Avezzano) assumeva un indirizzo riabilitativo, con 20 pl di lungodegenza e 60 di riabilitazione cardiologica.

La riconversione dei due presidi venne deliberata nel giugno 1995 ma non si procedette da subito alla sua attuazione.

Nel frattempo però (settembre-ottobre 1995) gli amministratori dei comuni di Pescina e limitrofi avevano proceduto alla costituzione di un comitato pro-ospedale, prendendo da subito una netta posizione contraria al piano di riconversione. Per loro l'ospedale andava potenziato e non smantellato: il comitato produsse una contro proposta al piano ASL, in cui si era favorevoli all'apertura del nuovo polo geriatrico, a patto però che venissero mantenute e

17   Claudio Lolli

trasformate in Dipartimenti le divisioni attuali di Medicina, Chirurgia e Ostetricia, e fossero avviati alcuni servizi sul territorio (distretto, poliambulatorio).

Il dibattito chiamò in causa l'assessore regionale alla Sanità, invitato a prender parte a una seduta congiunta dei consigli comunali aderenti al comitato....

'E' giunto il momento che i cittadini si approprino delle loro strutture, per la salvaguardia della loro salute. Siamo noi che dobbiamo gestire le nostre risorse, senza delegare manager freddi e insensibili... "tuonò uno dei sindaci presenti.

"In mancanza di risposte concrete la protesta sinora civile dei cittadini potrebbe assumere toni drammatici e violenti... "minacciò un consigliere comunale.

Reagendo a questi interventi, l'assessore regionale tranquilhizzò il comitato dicendo che non si sarebbe provveduto alla riconversione senza salvaguardare il diritto alla salute delle popolazioni locali e che il piano proposto dal comitato poteva essere "in gran parte approvato".

Sul finire dell'anno, anche il Presidente della Regione, invitato ad un incontro con il comitato pro-ospedale, rassicurava dichiarando che la nuova legge finanziaria sullo Stato sembrava contenere margini di risorse con cui garantire la sopravvivenza degli ospedali minori."

3.2 La reazione della popolazione

Mentre il dibattito era in corso, il Direttore Generale era intenzionato a portare avanti il piano di riconversione, così come deliberato, nei tempi e nei modi previsti. Dal suo punto di vista, la protesta degli amministratori locali era salo un tentativo di salvaguardia e strenua mantenimento di interessi e poteri locali, che nulla avevano a che fare con una razionale valutazione dei problemi di salute della popolazione. Le strutture di Pescina e Tagliacozzo erano scadenti e con una gestione passata fallimentare; i servizi erogati non erano adeguati ai bisogni locali, sovradimensionati quantitativamente nelle attività attualmente svolte e non rispondenti ai bisogni specifici di una popolazione anziana e di pazienti cronici. Alla Regione, la quale stava progressivamente intervenendo con un ruolo di mediazione, il Direttore Generale chiedeva il rispetto coerente del Piano Sanitario approvato con legge regionale, che lui si era limitato ad attuare. Pertanto, chiedeva all'Assessore di assumere una posizione di protezione nei suoi confronti dalle proteste della popolazione.

Il Piano doveva essere attuato.

A partire dal 1996 si dette avvio al piano.

Ospedale di Pescina

La Divisione di Chirurgia venne chiusa e i medici furono trasferiti al presidio di Avezzano, tranne il primario chirurgo, che rimase nell'ospedale senza svolgere alcuna attività. Il responsabile di Ostetricia (unico medico del reparto) venne trasferito ad Avezzano e nominato responsabile del

Dipartimento Materno-Infantile di area centrale. Tuttavia, se da un lato si era proceduto alla chiusura dei due reparti, dall' altro non si era ancora provveduto all'adeguamento degli organici con l'assunzione delle nuove figure previste dal piano di riconversione, La popolazione assistì così all'improvviso impoverimento del presidio di Pescina, che rimase con l'unico reparto di Medicina e a rischio di chiusura.

Ospedale di Tagliacozzo
A differenza di Pescina, nel presidio di Tagliacozzo non venne disattivata la divisione di chirurgia generale. così come previsto dal piano, perché nel frattempo il Comune aveva presentato ricorso al TAR contro la decisione del Direttore Generale della USL, chiedendone la sospensione.
La motivazione del ricorso contro l'atto del Direttore Generale era la mancata richiesta del parere ai sindaci e l'esercizio di un potere deliberativo attuativo sulla riorganizzazione della rete ospedaliera non riconosciutogli dalla legge, in quanto di competenza della Regione. Il Tribunale amministrativo ammise il ricorso concedendo la sospensiva dell'atto e quindi bloccando la riconversione del presidio di Tagliacozzo. Contro la sospensiva concessa, il Direttore Generale minacciava a sua volta ricorso al Consiglio di Stato.
Così, mentre l'ospedale di Tagliacozzo rnanteneva per il momento la sua onfigurazione
l'ospedale di Pescina rischiava la chiusura. La situazione divenne esplosiva: in breve tempo divampò una protesta che si sarebbe conclusa qualche mese dopo con la revoca della delibera di riconversione dell'ASL da parte della Regione, la riapertura della divisione di chirurgia nell'ospedale di Pescina, il potenziamento dei posti letto dei due ospedali e la non riconferma del Direttore Generale da parte dell 'Assessore regionale.

Ricostruiamo ora le dinamiche della protesta.
Come primo atto di sfida vennero tagliate le gomme dell'auto del Direttore Generale e richiesti dal comitato pro-ospedale nuovi incontri con la Regione.
A metà marzo 1996 un evento fu la scintilla che accese una protesta dai toni ben più duri. Il Pronto Soccorso di Pescina rifiutò un ricovero di un paziente non grave dirottandolo altrove. La sera stessa, circa 800 manifestanti bloccarono l'autostrada, richiedendo l'intervento delle forze di polizia, dei carabinieri e della società autostrade, e suscitando l'arrivo immediato di giornallsti e troupes televisive...
La mattina seguente auto, trattori e camioncini (compresi veicoli dell 'Amministrazione Comunale) bioccavano le strade di accesso a Pescina. Mentre il Prefetto si rifiutava di ricevere i partecipanti, la locale Comunità Montana prendeva ufficialmente posizione a favore della protesta, che minacciava di procedere a oltranza.
Nel frattempo anche la popolazione di Tagliacozzo volle far sentire la sua voce. Un gruppo di cittadini (soprattutto donne) si incatenò pubblicamente

19   Claudio Lolli

davanti all'ospedale, una manifestazione sostenuta dai sindaci bloccò le vie di accesso al paese e la linea ferroviaria per Roma per quasi un'ora, costringendo l'arrivo della Polfer.

Intanto i giornali locali invocavano "*lo spirito di Fontamara*"; come i contadini avevano lottato contro i latifondisti per la terra e l'acqua, così la popolazione di Pescina si ribellava ai nuovi padroni e ai nuovi soprusi contro la chiusura dell'ospedale. "*La rassegnazione - parole di Suona -può durare anche secoli, ma non è detto* che *debba durare in etenio. La conferma arriva da Cascina, dagli eredi di Fontamara. Del resto il bilancio della sanità e dello Stato non si risana con la chiusura di un reparto ospedaliero o con i abolizione di una manciata di posti-letto.* "(da un quotidiano locale del 28marzo 1996).

3.3. Il "braccio di ferro" istituzionale

Data la sua entità e i risvolti politici della vicenda, ovviamente questa non si riduceva a un "duello" a comitati pro-ospedale e Direttore Generale, ma era una battaglia che chiamava in causa e coinvolgeva interessi di tutta l'azienda e di una molteplicità di attori e istituzioni locali.

Innanzitutto vi erano i sindaci, i consiglieri e i deputati della zona, che a varie riprese rilasciavano dichiarazioni e interviste sull'argomento; la vicenda era occasione, ad esempio, per ricordare l'esistenza di "comuni di serie A e di serie B" (sottolineando come la solerzia con cui l'ASL e la Regione procedevano alla chiusura dell'ospedale di Pescina non si manifestava in altre circostanze), per ribadire posizioni di principio (per Rifondazione Comunista tutto questo non faceva che *favorire* ancora una volta la sanità privata a scapito di quella pubblica) o semplicemente per ridisegnare alleanze e schieramenti in vista di prossime elezioni.

Poi vi erano i medici e i dirigenti della stessa Asl, che ovviamente non erano necessariamente in linea con il Direttore Generale; alcuni di loro, impegnati anche politicamente a livello locale, si esprimevano contro il piano tcendosi interpreti della volontà e dei bisogni delle popolazioni; altri esprimevano im parere più tecnico, cercando di spiegare attraverso i mass media pregi e difetti del piano, altri ancora approfittavano della circostanza per render noto che i veri problemi dell'ASL non erano questi, bensì la carenza di organico, gli straordinari non pagati, le nuove attrezzature mai arrivate, ecc...

La polemica interna alla USL riguardava anche lo stesso personale medico di Pescina; non tutti, infatti, erano contrari al trasferimento della Chirurgia ad Avezzano, dove avrebbero potuto operare in una struttura più grande e dotata di maggiori attrezzature e servizi. In fondo, Avezzano non era poi così lontana...

Così come all'interno della USL il personale assumeva posizioni contrastanti, la vicenda produsse una spaccatura anche in seno ai sindacati e tra le diverse sezioni dello stesso sindacato: alcuni assumevano una posizione di opposizione dura e irremovibile, sostenendo i comitati, altri ritenevano che il piano fosse un punto di partenza valido, sul quale avviare una serie di negoziazioni e trattative (sulle nuove assunzioni, sull'organizzazione dei servizi, sul trattamento economico dei dipendenti, ecc.). Contro quest'ultimi il Comitato pro-ospedale invitava i cittadini a restituire la tessera.

Tuttavia, per lo scioglimento del nodo che si andava sempre più aggrovigliando, la sede di discussione istituzionale divenne l'assessorato regionale alla sanità. Quest'ultimo venne letteralmente "cinto d'assedio" da una folla di manifestanti, i quali una mattina di aprile giunsero da Pescina con pullmans, auto e perfino un'ambulanza. L'intento era quello di costringere l'assessore a riceverli e ad assumere un impegno chiaro e definitivo sulla questione.

Quest'azione fu l'ultimo e più violento atto di protesta, che vide l'intervento del Questore, lo schieramento delle forze dell'ordine, principi di rissa e di rappresaglia fisica, oltre che slogans e cori di insulti e sfida.

La Regione, insieme al Direttore Generale dell'ASL, ridefinì la proposta di riorganizzazione dell'ospedale, finendo per concedere quanto richiesto dal Comitato:

- la riattivazione della chirurgia (20 posti letto) e della sala operatoria
- il mantenimento della medicina (20 posti letto)
- 30 posti letto di lungodegenza
- 20 posti tetto di riabilitazione
- 30 posti tetto di geriatria

per una dotazione complessiva di 120 posti letto.

Per quanto riguarda l'ospedale di Tagliacozzo, la Regione si espresse anche per dotare la struttura di:

- 20 postiletto di medicina (di cui 2 di day hospital)
- 20 postiletto di chirurgia (di cui 2 di day hospital)
- 80 posti letto di riabilitazione, di cui
  - 30 per riabilitazione ortopedica
  - 20 per riabilitazione cardiologica
  - 30 per riabilitazione reumatologica

Tali attribuzioni di posti letto sono state formalmente deliberate dalla Giunta Regionale nei mesi successivi.

3.4. Il ritorno allo status quo e la non riconferma del Direttore Generale

Una volta passata la linea dell'assessore, i medici da Avezzanosono tornati a Pescina, dove è stata riaperta la chirurgia.

Dal punto di vista organizzativo la riattivazione dei presidi di Pescina e Tagliacozzo comportava ora anche la messa in discussione del modello dipartimentale, in quanto i due presidi piccoli rivendicavano il ruolo di poli autonomi (quindi con dirigenti di 2° livello). totalmente separati dal presidio di Avezzano.

Stante l'autonomia dei presidi di Pescina e Tagliacozzo, la decisione sul modello organizzativo (unico Dipartimento per i tre ospedali o tra Dipartimenti separati) resta tuttora oggetto di analisi in seno all'azienda.
La conclusione della vicenda ha segnato anche l'esplosione manifesta del conflitto ormai insanabile tra l'assessorato regionale e il Direttore Generale dell'ASL. L'epilogo è così contrassegnato da una serie di azioni, anche giudiziarie:

Luglio 1996 - La Regione non ha riconfermato il Direttore Generale e ha proceduto alla nomina di un nuovo direttore, che ha provveduto da definire le sue priorità di intervento per il futuro;

Agosto 1996- Il precedente Direttore ha operato ricorso contro la decisione della Regione per via penale, con un esposto in Pretura e per via amministrativa, con richiesta al TAR di annullamento dell'atto di nomina del nuovo direttore generale;

Settembre 1996- Il TAR ha approvato il ricorso e sospende il provvedimento di nomina del nuovo direttore generale che non ha potuto insediarsi e iniziare a operare;

Ottobre 1996-Maggio 1997 - Le funzioni di Direttore Generale sono state svolte dal Direttore Amministrativo;

Giugno 1997 - - La Regione si esprime definitivamente contro l'ex-Direttore Generale e consente l'insediamento del nuovo.

Par. 4. UN ANNO DOPO
4.1. L'incertezza istituzionale permane
Le vicende relative al braccio di ferro Comitati-Direzione Generale-Regione e soprattutto il periodo di instabilità e di incertezza successivo, caratterizzato dall'alternanza dei Direttori Generali, hanno lasciato un segnonella storia dell'Azienda rispetto agli eventi succedutesi. E' ancora difficile per gli operatori dell'azienda esprimere un bilancio ed una valutazione chiara:

> *"Non si riesce a capire cosa sia successo. I medici in un primo momento assunsero una posizione di responsabilità, accettando il piano, poi però passarono all'opposizione. Le popolazioni locali operarono una valutazione sbagliata della proposta. I comitati sembravano convincersi della validità del piano, poi invece tornavano a casa e riscendevano in piazza, chiamando in causa la Regione che mediava. Volevano a tutti costi il potenziamento dell'ospedale. Ma da loro non venne mai una proposta alternativa. "*(un dirigente amministrativo)

La stessa figura dell'ex Direttore Generale è ancora oggi oggetto di giudizi discordi: per alcuni *"sapeva quel che faceva...era competente... non è stato capito "* per altri *". . si è rivelato troppo rigido... ha sbagliato nel modo di porsi..."*

Quel che è certo è che la situazione attuale dell'azienda non appare molto avanzata rispetto a quasi tre anni prima.

Molto è stato fatto per risolvere alcune questioni "scottanti" di rilevante urgenza: la chiusura delle gestioni a stralcio delle precedenti USL, la centralizzazione delle gare di acquisto, la nomina dei Direttori Amministrativi di presidio.

Inoltre, si è dato avvio all'apertura dei distretti sul territorio (anche se principalmente come apertura e disponibilità dei locali, mentre dal punto di vista organizzativo e operativo il modello resta ancora da definire) e sono in corso dei processi di riorganizzazione della struttura e di introduzione della contabilità economica attraverso l'ausilio di consulenti.

Dal punto di vista istituzionale. l'ASL non sembra ancora immune da polemiche, dibattiti e tentativi di revisione, alla ricerca del modello migliore.

In proposito, un dirigente amministrativo *afferma: "La logica delle 3 USL non è ancora superata, perché c'è sempre l'aspettativa reconditа che si separino. Non è facile muoversi in una logica di integrazione con messaggi politici così ambigui..."*

Un dirigente medico: *Nei fatti con l'azienda non è cambiato granché. Si lavora come prima, ognino pr conto suo, solo che e 'è un unico sistema contabile,.."*

Un altro dirigente: *"Lo sdoppiamento delle USI sul piano politico si può capire, ma sul piano economico-finanziario è sbagliato... L'errore è stato a monte... se invece di creare due USL all'interno della provincia se ne fosse creata una sola, un 'unica grande azienda provinciale, forse l'avremmo accettato di più. Invece così le spinte alla separazione restano sempre forti..,*

Mentre all'esterno i politici continuano a sollecitare l'intervento della Regione per spostare la sede legale da Castel di Sangro ad Avezzano e l'opinione pubblica continua a lamentare la carenza di personale e di qualità dei servizi.

4.2. L'organizzazione frammentata

Dal punto di vista organizzativo, il piano di riorganizzazione dell'ex Direttore Generale ha incontrato grossi problemi nella sua attuazione con forti difficoltà nell'integrazione tra le tre aree, così come l'introduzione dei dipartimenti è rimasta più formale che sostanziale.

<u>Dipartimenti amministrativi</u>

La difficoltà maggiore è stata quella di far passare l'idea che nei diversi servizi (Personale, Provveditorato, Ragioneria, Affari Generali), non ci sarebbero stati più tre dirigenti di pari livello, ma un responsabile di Dipartimento e due responsabili di sezione (ovviamente il responsabile di Dipartimento è anche responsabile della sezione di appartenenza). In realtà, in alcuni Dipartimenti i responsabili di sezione non hanno accettato di passare alle dipendenze di un loro ex-collega e, di fatto, le tre sezioni hanno continuato a operare in totale autonomia organizzativa e operativa.

Unico risultato è la stata la centralizzazione di alcune funzioni (gare, contratti, stesura bilancia, ufficio legale) e la difficoltosa omogenizzazione dei sistemi informativi (non ancora totalmente conclusa); per il resto, i responsabili di Dipartimenti lamentano tutti una grossa difficoltà nel far funzionare le tre sezioni in modo integrato.

Laddove si sono verificati attriti tra il responsabile di dipartimento e responsabile di sezione, si è infine provveduto a ricollocare questi ultimi come Direttori Amministrativi di presidio o in altre funzioni. Anche il personale alle loro dipendenze è stato parzialmente rimosso, per cui attualmente alcune posizioni sono rimaste scoperte e altre hanno dovuto farsi carico (almeno temporaneamente) di nuove attività.

Dipartimenti sanitari centrali

I Dipartimenti sanitari centrali hanno incontrato meno probiemi in termini di integrazione rispetto a quelli amministrativi: dal momento che in parte si tratta di attività ancora poco sviluppate (Prevenzione, Riabilitazione, Salute Mentale) la scelta del responsabile non è stata particolarmente conflittuale.

Tuttavia il problema si pone in termini più sostanziali sull'attività che il dipartimento dovrebbe svolgere, che appare non ancora progranimata e avviata in modo chiaro.

Dipartimenti ospedalieri

E' in quest'area che si incontrano attualmente i maggiori problemi di integrazione:

- tra presidi ospedalieri, dove permane una totale autonomia e la non conoscenza, da parte dei singoli presidi, dell'operato degli altri (pur in presenza di una sostanziale omogeneità e di bassa specializzazione delle attività svolte);
- all'interno dei singoli presidi, dove le singole unità operative mantengono un'elevata autonomia (autarchia) non solo di tipo professionale, ma anche organizzativa e operativa, con una pressoché totale assenza di attività di controllo e valutazione. In queste finzioni di organizzazione e valutazione, il ruolo e i margini di manovra delle Direzioni sanitarie di presidio è ancora alquanto limitato.

C'è inoltre da sottolineare che con l'avvicendarsi dei Direttori Generali e la scarsa attenzione sull'implementazione del modello, non sono stati dati messaggi chiari e univoci sul funzionamento e sul ruolo dei Dipartimenti. Laddove hanno operato, hanno svolto ruoli limitati (es. decisione congiunta dei primari sugli acquisti, organizzazione dell'utilizzo delle sale operatorie).

CAPITOLO 2

L'EFFICACIA DEL CAMBIAMENTO ORGANIZZATIVO

Par. 1 LA CENTRALITÀ DELLA GESTIONE DEL CAMBIAMENTO NEI PROCESSI DI RIORGANIZZAZIONE AZIENDALE

Il cambiamento organizzativo è un tema avvertito sempre più all'interno delle aziende sanitarie come la questione centrale intorno alla quale ruota il buon esito del processo di aziendalizzazione. Se dal punto di vista delle tecniche e degli strumenti di gestione, infatti, si va colmando il deficit di nuove conoscenze e competenze manageriali, permane il problema di garantire una reale trasformazione delle culture, delle logiche d'azione, delle modalità di apprendimento consolidate (Tanese, 1999).

Ogni cambiamento organizzativo è tale solo se efficace, vale a dire solo se realmente produce come risultato una qualche modifica nella direzione auspicata. Purtroppo l'esperienza all'interno della Pubblica Amministrazione è portatrice di numerosissimi casi di cambiamenti annunciati e mai realizzati; oppure di cambiamenti "apparenti", descritti e proclamati come casi di grande innovazione e successo, ma che, a una lettura più profonda, si rivelano scarsamnte incisivi sulle pratiche e sui comportamenti del quotidiano.

Il problema chiama in causa la modalità attraverso la quale attualmente le aziende sanitarie fanno uso della variabile organizzativa come leva di cambiamento e, più in generale la consapevolezza con cui esse utilizzano i margini di manovra resi disponibili dall'autonomia organizzativa decretata dalle riforme del Servizio Sanitario Nazionale.

L'introduzione di nuovi modelli (ad esempio la diversa organizzazione dei servizi territonali, l'istituzione dei dipartimenti ospedalieri o ancora logiche di networking pubblico/privato), spesso fa fatica a incidere sul reale cambiamento dei comportamenti e delle routine consolidate da parte degli operatori.

Si pone allora la questione di come garantire il successo dei cambiamenti in corso nelle aziende sanitarie, come far sì, in altri termini, che l'innovazione organizzativa entri a far parte del patrimonio di conoscenze, competenze e cultura dell'organizzazione, e non resti un episodio isolato, un cambiamento di "facciata" sotto il quale permangono le strutture del passato.

Per affrontare il tema proponiamo di partire da un esempio concreto, attraverso la lettura, in parallelo, di tre situazioni concrete riguardanti aziende sanitarie diverse. Questo ci consentirà di approfondire alcuni aspetti teorici e di formulare delle chiavi di lettura per la gestione efficace del processo di cambiamento.

25 Claudio Lolli

Il caso riguarda tre aziende sanitarie di medio-piccole dimensioni, con una popolazione compresa tra i 200-250000 abitanti (con capoluoghi di provincia inferiori ai 100000) con più presidi organizzativi e forti esigenze di razionalizzazione e riorganizzazione interna (tutte e tre le aziende presentano deficit e un saldo passivo di mobilità alquanto elevato). In queste tre aziende le Direzioni Generali decidono di introdurre un modello di tipo dipartimentale all'interno degli ospedali.

In questa sede non ci interessa approfondire le caratteristiche strutturali dei diversi modelli dipartimentali adottati nei tre casi; ciò richiederebbe un'analisi più approfondita. Ciò che qui vogliamo approfondire è il processo attraverso il quale, nelle tre aziende, sono state rispettivamente condotte le fasi di progettazione e di implementazione del modello.

ASL 1 — Nella ASL 1 la progettazione dei dipartimenti ospedalieri è avvenuta contestualmente alla riprogettazione della macrostruttura aziendale, in cui si afferma che i presidi ospedalieri dell'azienda vengono organizzati secondo un modello dipartimentale, in numero e con una composizione di ogni dipartimento definiti. Dopo aver deliberato il modello, il Direttore Generale ha conferito gli incarichi di direzione dei dipartimenti in via sperimentale, per un periodo di 6 mesi, I direttori sono stati chiamati entro 15 giorni a fommlare alla Direzione delle proposte di piani di lavoro dipartimentali.

Dopo un anno e mezzo dalla nomina i direttori di dipartimento non hanno prodotto alcun atto formale. Nell'azienda non esiste un sistema di budget aziendale e i dirigenti non sono stati chiamati dalla Direzione a discutere di programmazione. Guardando all' interno delle singole Unità Operative ospedaliere, il dipartimento non viene riconosciuto come struttura funzionante o addirittura se ne ignora l'esisienza.

ASL 2 —Anche nella ASL 2 la progettazione dei dipartimenti è avvenuta con la progettazione del modello aziendale, sulla base delle direttive contenute nella legge regionale di organizzazione. Dopo aver deliberato il modello, il Direttore Generale ha nominato i responsabili dei dipartimenti Alcuni mesi dopo la loro nomina questi ultimi sono stati convocati dal Direttore Generale per la
formulazione del primo budget aziendale, definendo per ogni dipartimento obiettivi di attività e di spcsa. I dircttori di dipartimento hanno ricevuto periodicamente dal servizio controllo di gestione un report contenente i risultati di attività e di costo del dipartimento.

A più di un anno dalla loro istituzione, non è stato ancora definito un regolamento generale di dipartimento né dei regolamenti specifici. La Direzione Generale considera i direttori dei dipartimenti come i "quadri" aziendali di riferimento, tuttavia lamenta la difficoltà di coinvolgerli nel processo di aziendalizzazione e vorrebbe accelerare la loro 'responsabilizzazione" gestionale.

Dal canto loro, i direttori di dipartimento dichiarano di avere difficoltà ad assumere il loro ruolo, sia perché non appare loro chiaro, sia perchè lo percepiscono come particolarmente scomodo. Da un lato, si sentono "schiacciati' dalla Direzione Generale che ha concesso bassissimi margini di manovra nella determinazione degli obiettivi, dall'altro poco legittimati dai responsabili di Unità Operativa, a causa della scarsa attendibilità e sistematicità dei report inviati dal centro, di problemi di comunicazione e di relazioni interpersonali di casi frequenti di by-passamento da parte dei responsabili di Unità Operativa, che trattano direttamente con la Direzione Generale ecc.

Infine, l'assenza di un regolamento comune ha portato al reperimento di modelli organizzativi diversi rispetto, per esempio, al ruolo del responsabile di dipartimento, alle risorse comuni e di Unità Operativa, alla gestione del personale infermieristico ecc.

ASL 3 — Nella ASL 3 la progettazione del modello aziendale ha definito la macrostruttura senza entrare nel merito della progettazione dei dipartimenti. Per alcuni mesi la Direzione Generale ha discusso con tutto il personale la nuova macrostruttura nei diversi presidi dell'azienda; in un secondo momento ha deciso di avviare in via sperimentale la progettazione di alcuni dipartimenti ospedalieri, per i quali ha elaborato una proposta, sia come criteri di aggregazione delle Unità Operative, sia come regolamento generale di dipartimento. Tale proposta è stata discussa con un gruppo di dirigenti ospedalieri in una giornata seminariale e, in un secondo momento, all'interno di tutte le Unità Operative ospedaliere con il coinvolginiento dei primari (la Direzione Generale ha messo a disposizione uno staff per l'organizzazione e la gestione delle riunioni).

Dopo aver vagliato le osservazioni e le proposte provenienti dai diversi gruppi, la Direzione Generale ha deliberato i dipartimenti ospedalieri sperimentali con un regolamento generale, nominando un dirigente come responsabile del processo di costituzione del dipartimento. Al termine di 3 mesi sono stati nominati i capi dipartimento, che hanno effettuato un corso di formazione manageriale.

Parallelamente la Direzione Generale ha dato inizio al processo di budget in cui i responsabili di dipartimento sono stati chiamati a formulare proposte dipartimentali.

Dalla lettura di queste tre situazioni emerge con evidenza tutta la complessità del cambiamento organizzativo e soprattutto il diverso esito, in termini di efficacia, generato da interventi di riorganizzazione apparentemente simili. A prescindere dal modello dipartimentale adottato nelle tre aziende, il passaggio dalla vecchia alla nuova struttura può bloccarsi o, viceversa, avviarsi con successo, a seconda delle modalità di gestione del cambiamento, che appaiono come la variabile critica dell'intero processo.

Per approfondire l'argomento diventa importante provare a far luce su alcune questioni centrali:

1. che cosa succede quando all'interno di un'azienda sanitaria (o di una parte di essa) si vuole introdurre un qualche cambiamento organizzativo? Che caratteristiche assume tale cambiamento? Qual è la sua natura?

2. in tutti e tre i casi la soluzione al problema di integrazione all'interno degli ospedali (il modello dipartimentale) sembra corretta; eppure perché l'efficacia dell'intervento varia considerevolmente da un caso all'altro? Il modo in cui il cambiamento viene gestito influenza il buon esito del cambiamento?

3. tenuto conto dei due punti precedenti, quale può essere la modalità 'corretta' di gestire il cambiamento? Quale approccio, quale modalità di intervento può garantire una maggiore efficacia a progetti di cambiamento organizzativo?

Par. 2 LA NATURA DEI PROCESSI DI CAMBIAMENTO ORGANIZZATIVO

Da un punto di vista generale, il cambiamento organizzativo può essere visto come il passaggio di un sistema organizzativo da una condizione iniziale (A) a una finale (B) attraverso un processo di trasformazione (fig. 2).

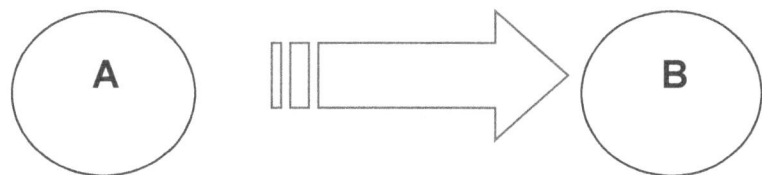

Figura 2 Il processo di cambiamento.

Da questa generica definizione ne discende che non necessariamente tale trasformazione debba essere volontaria o esplicitamente deliberata; al contrario essa potrebbe essere anche spontanea o addirittura indesiderata (come nei casi di crisi o di declino dell'organizzazione).

In questa sede ci occuperemo unicamente dei casi in cui il cambiamento organizzativo è il risultato di un progetto deliberato per modificare tutto o parte del sistema organizzativo, in seguito alla percezione di una qualche inadeguatezza, di un'esigenza di miglioramento.

Il cambiamento di un'organizzazione assume alcune caratteristiche peculiari, legate alla natura stessa del fenomeno organizzativo.

2.1 Il cambiamento organizzativo come processo

Innanzitutto il cambiamento organizzativo deve essere considerato come un propesso, vale a dire come un insieme dinamico di azioni e reazioni dei diversi elementi coinvolti nel cambiamento, e non come una semplice azione puntuale. Ridefinire l'organigramma dell'azienda sanitaria o ridisegnare l'articolazione dei servizi territoriali non è l'unico (né spesso il più importante) momento di un processo di cambiamento organizzativo; quest'ultimo ha inizio allorché si manifesta una spinta al cambiamento, si percepisce un'esigenza, e termina solo quando si verifica l'attuazione di un diverso modello di funzionamento.

Essendo un processo, il cambiamento organizzativo si compone quindi di diverse fasi e chiama in causa diverse variabili interdipendenti. Le fasi possono essere così distinte (fig. 3):

1. una fase di percezione di un'esigenza di cambiamento e di definizione degli obiettivi del cambiamento;
2. una fase di analisi organizzativa, di definizione del problema e di valutazione di soluzioni alternative;
3. una fase di progettazione organizzativa e definizione di un percorso di attuazione del cambiamento;
4. una fase di sperimentazione e di valutazione del cambiamento

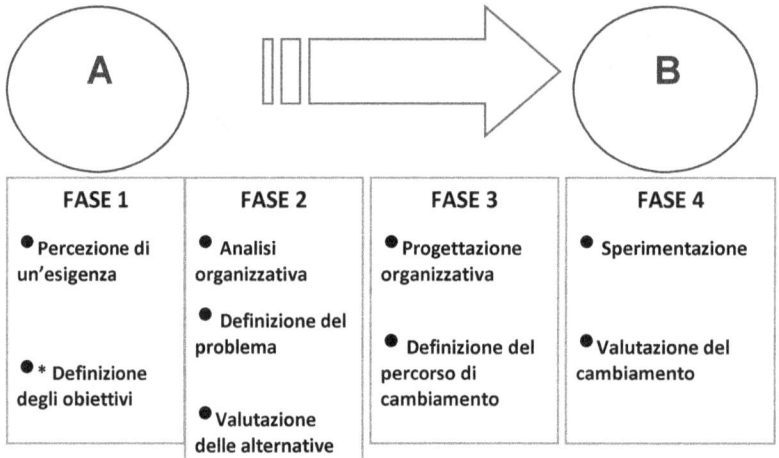

Figura 3 Fasi del processo di cambiamento

In ognuna delle diverse fasi entrano in gioco delle variabili sia esterne che interne all'azienda:

1. variabili esterne [1]:

    a) i modelli di riferimento;

    b) i vincoli normativi;

    c) il contesto locale:

    — i bisogni sociosanitari della popolazione;

    — il comportamento della domanda

    — il Sistema competitivo;

    — il sistema politico e di rappresentaza degli interessi;

    d) il reticolo interistituzionale e di riferimento (Enti Locali, Regione, SSN);

    e) l'innovazione tecnologica e la ricerca scientifica;

2. variabili interne:

    a) l'assetto organizzativo preesistente;

    b) il potere organizzativo;

    c) la cultura organizzativa;

    d) il comportamento degli attori;

    e) gli strumenti organizzativo-gestionali;

    f) il tempo;

    g) la logistica e l'uso degli spazi;

    h) la dotazione strutturale e di attrezzature.

Tale elenco non intende essere esaustivo; ciò che ci interessa sottolineare è come il processo di cambiamento nelle sue diverse fasi, venga condizionato dall'evoluzione di alcuni fattori di contesto e dal ruolo assunto, all'interno dell'azienda, da alcune variabili organizzative. La rilevanza che tali vailabili possono assumere nel processo dopende ovviamente dalle dimensioni del cambiamento e soprattutto dall'approccio adottato. In un certo senso, potremmo dire che nessuna variabile, di per sé, è in grado di incidere sul processo se non attraverso una sua 'attivazione", un suo utilizzo (non necessariamente consapevole) da parte di un soggetto implicato nel processo

---

[1] Siamo consapevoli che la distinzione tra interno ed esterno diventa alquanto artificiale se adottiamo una prospettiva cognitiva secondo la quale l'ambiente non è un dato oggettivo, bensì l'esito di un processo di attivazione e di costruzione soggettiva (e intersoggettjva) della realtà. In tal senso dovremmo parlare di un unico sistema organizzativo ricostruito a partire dalle relazioni di scambio, i cui confini non necessriamente coincidono con i confini formali. In questa sede, per comodità espositiva, consideriamo "ambiente" tutte quelle relazioni pertinenti ai fini del cambiamento organizzativo che coinvolgono soggetti istituzionalmente non appartenenti all'azirnda sanitaria (norme giuridiche, relazioni interistituzionali, ambito competitivo, comunità locale, tecnologia, teorie organizzative ecc.).

stesso. In altri termini, non esistono variabili più o meno importanti, ma comportamenti e dinamiche organizzative che, all'interno di un processo di cambiamento, attribuiscono peso e fanno un uso maggiore o minore di questa o quella variabile. Ma torneremo sull'argomento in modo più approfondito più avanti, quando proveremo a costruire un modello interpretativo di sintesi.

2.2 Il cambiamento organizzativo come dimensione del divenire dell'azienda.

Con riferimento alle aziende sanitarie, è indubbio che le radicali trasformazioni del sistema sanitario degli ultimi anni hanno funzionato da "tensori" all'interno delle aziende, innescando una pluralità di processi (o quanto meno di tentativi) di riorganizzazione. Di fronte a tali tensioni emerge sempre più chiaramente come il cambiamento, tradizionalmente visto come un problema "straordinario" nel funzionamento delle aziende sanitarie, vale a dire come un evento eccezionale che trasforma un sistema stabile e routinario, rappresenti in realtà una dimensione permanente del divenire di tali organizzazioni.

Organizzare l'azienda, in questo contesto, diventa sempre mano un problema di definizione di modelli, di progettazione di strutture stabili e più 'razionali", e sempre più un problema di "gestione di processi organizzativi" in con tinua evoluzione. In altri termini, quanto più l'ambiente è dinamico e le spinte al cambiamento si manifestano con maggiore frequenza e intensità, tanto più il problema organizzativo' delle aziende sanitarie tende a trasformarsi e a coincidere con il "problema della gestione permanente di cambiamenti organizzativi".

Pensiamo al funzionamento di un ospedale. Dalla semplice standardizzazione dei processi produttivi secondo una logica specialistica, si sta progressivamente passando all' ampliamento dei modelli di offerta (day-hospital, day-surgery, assistenza domiciliare) all'integrazione dei percorsi diagnostico-terapeutici, alla costante revisione dei criteri di appropriatezza e di *evidence medicine*, alla condivisione di risorse (modello dipartimentale); tutto ciò rende il modello organizzativo dell'ospedale molto più dinamico e destrutturato di quanto non fosse in passato, costringendo gli operatori a una continua rimessa in discussione delle proprie certezze, abitudini, routine cognitive.

Questo vuol dire che il processo di cambiamento così come rappresentato nella figura 3 contiene una semplificazione, quella di poter definire con precisione quando un processo è finito o ne cominci un altro; la realtà ci consegna invece quotidianamente situazioni di evoluzione permanente e di sovrapposizione continua di processi, in cui la stabilizzazione di alcuni cambiamenti organizzativi coesiste con il lancio o la progettazione di altri.

Claudio Lolli

2.3 Il cambiamento organizzativo come problema di apprendimento collettivo

Abbiamo detto che il cambiamento organizzativo è un processo e che all'interno delle aziende sanitarie coesistono ormai strutturalmente più processi di cambiamento, che si intersecano, si sovrappongono, talvolta si contrappongono. Resta da considerare un ultimo aspetto, più inerente l'esito e l'efficacia di tali processi.

Se è facile convenire sul fatto che il cambiamento organizzativo è ormai una priorità delle aziende sanitarie, più difficile è intendersi su come questo "dover essere" possa tradursi realmente in nuove capacità e in nuove culture organizzative. Un'altra semplificazione molto frequente, ormai divenuta un luogo comune per la Pubblica Amministrazione, è l'affermazione secondo la quale per cambiare un'azienda sanitaria bisognerebbe che tutti i dipendenti lo volessero o, addirittura, che cambiassero "le loro teste". Questa visione, in qualche modo, riconosce il problema del coinvolgimento delle persone in un processo di cambiamento, senza il quale ogni progetto ò destinato a fallire; tuttavia assume una sfumatura irrealistica, come a voler sottolineare che si cambia solo quando tutti cambiano, quindi mai. Il cambiamento come un'utopia o, quanto meno, come un risultato a lungo-lunghissimo termine, plurigenerazionale.

Il modo per superare questa impasse consiste nell'affrontare la questione in modo un po più articolato, considerando la natura del fenomeno organizzatvo. L'apprendimento organizzativo non è una sommatoria di cambiamenti individuali, in quanto un'organizzazione non un insieme di individui, bensì un insieme di relazioni tra elementi (individui, gruppi, strutture, tecnologie, informazioni) posti in relazione di interdipendenza e in modo ripetuto nel tempo. Il risultato di questa interdipendenza non è riconducibile all' azione di uno degli elementi, ma all'esito della cooperazione che essi sono in grado di costruire (Crozier e Friedberg).

Anche ammesso, per ipotesi, che tutti coloro che lavorano in un'azienda fossero d'accordo sulla necessità di un cambiamento e sul modo di perseguirlo, nulla ci garantirebbe che l'esito del loro "lavorare insieme" si tradurrebbe nei risultati attesi. La "qualità" di un cambiamento non dipende dalla "qualità" dei singoli individui, ma principalmente dalla "qualità' del gioco collettivo che essi creano.

Quindi un'organizzazione non cambia quando tutti i soggetti che la compongono cambiano, ma quando essi sono capaci di strutturare le proprie relaioni in un gioco diverso rispetto a quello in cui operavano in precedenza. Alla luce di queste considerazioni, la figura 3 con la quale avevamo schematizzato il problema del cambiamento organizzativo deve essere ridefinita, mettendone maggiormente in risalto la natura collettiva e costruita. Dal momento che l'organizzazione è un sistema di relazioni (A). essa cambia solo come sistema, cioè nelle sue relazioni (B) (Fig. 4).

Qui risiede tutta la complessità e la dimensione per così dire paradossale del cambiamento organizzativo: da un lato, infatti, dobbiamo riconoscere che i rapporti umani strutturatisi nel tempo all'interno di un'organizzazione possono costituire il principale ostacolo al cambiamento; dall'altro lato però, dobbiamo anche essere consapevoli che quegli stessi rapporti costituiscono la principale risorsa di cui quell'organizzazione dispone, il suo patrimonio di capacità collettive, senza il quale nessun cambiamento sarà mai possibile.

Par. 3 I DIVERSI APPROCCI AL CAMBIAMENTO ORGANIZZATIVO

Ora, se consideriamo il cambiamento organizzativo in tutta la sua complessità, come un problema di apprendimento collettivo, con i significati e le implicazioni che esso comporta, diventa evidente come gran parte degli approcci al cambiamento [2], sinora sperimentali nella Pubblica Amministrazione, non siano riusciti a tener conto di questa complessità Essi appaiono lontani dalla realtà, limitati nella loro capacità di prendere in considerazione la dimensione collettiva e relazionale del cambiamento organizzativo, finendo così per avere un'efficacia molto limitata.

---

[2] Con il termine "approccio" facciamo riferimento alla modalità concreta con cui è attualmente gestito il cambiamento all'interno della Pubbhca Amministrazione. Non si tratta quindi di passare in rassegna delle teorie del cambiamento, in forte evoluzione negli ultin,i decenni, bensì la modalità pratica sperimentata nelle organizzazioni. Da questo punto di vista non deve stupire che approcci ancora improntati a visioni dell'organizzazione ampiamente superate nel dibattito teorico (l'ideal tipo burocratico di Weber, l'organizzazione scientifica del lavoro di Taylor, la corrente delle Relazioni Umane, la teoria delle contingenze strutturali, l'arganizzazione come si stema socio-tecnico) siano ancora quelli più frequenti.

Claudio Lolli

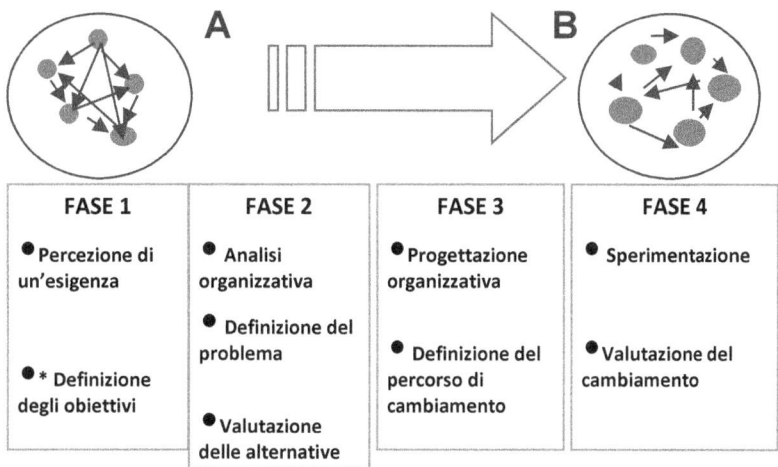

Figura 4 Il cambiamento organizzativo come processo di apprendimento collettivo.

3.1   L'approccio giuridico-formale Secondo la visione amministrativa classica, il cambiamento passa solo attraverso le modifiche dell'assetto normativo. Dal momento che l'azione pubblica deve rispondere ai requisiti di neutralità, impersonalità, trasparenza, formalizzazione, il comportamento amministrativodeve far riferimento a regole e procedure definite. La norma deve prevedere ogni situazione; in sua assenza si genera un vuoto all'interno del quale diventano possibili comportamenti discrezionali, arbitrari, potenzialmente non rispondenti ai requisiti di cui sopra.

Secondo questo approccio, il cambiamento nelle aziende sanitarie richiede quindi, innanzitutto, nuovi impianti normativi e l'esplicitazione di regolamenti e linee-guida di attuazione delle leggi di riforma del SSN. Anche all'interno della stessa azienda sanitaria, proprio per la sua natura di soggetto pubblico, è sempre necessaria l'esistenza di un atto formale, che attribuisca valore legale alle decisioni e fornisca al tempo stesso garanzia e tutela agli operatori e ai cittadini.

Un approccio centrato soltanto sulle regole, in cui il cambiamento sarebbe il portato di nuovi vincoli formali, appare ormai del tutto in contrasto con ciò che quotidianamente constatiamo. Il proliferare delle norme, come è stato ampiamente dimostrato dalla ricerca organizzativa e dall'esperienza, crea paradossalmente maggiori spazi di libertà, favorisce e legittima gli atteggiamenti di resistenza al cambiamento di rigidità amministrativa (Crozier, 1964). La formalizzazione, purecessaria per stabilizzare e regolare l'azione organizzativa, può degenerare facilmente in formalismo (la regola fine a se stessa), in protezione (non si è tenuti a fare quanto non prescritto), in fonte di potere (il potere del burocrate, appunto).

3.2 L'approccio strumentale-razionale. All'approccio giuridico-formale possiamo contrapporne uno di tipo razionale e stmmentale, che cerca di attuare il cambiamento partendo non già dalle regole ma dagli obiettivi che si intende raggiungere. L'organizzazione è lo strumento da modellare in funzione delle strategie perseguite. Il modello di riferimento è quello manageriale delle *business schools* americane di prima generazione: una volta definita dal vertice aziendale una gerarchia di obiettivi, basterà agire in modo pianificato su alcune leve fondamentali della gestione (bodget, programmi e piani operativi) e dell'organizzazione (strutture, sistemi operativi, stile di direzione) e tutto il resto seguirà.

Anche questo approccio alla prova dei fatti si è rivelato limitato e troppo semplificativo del comportamento umano nei contesti organizzati. Esso genera un'eccessiva fiducia nei modelli organizzativi e nelle tecniche di cambiamento, spesso introdotte in modo acritico e/o forzato. Il modello prescrive tutte le fasi che devono essere seguite e tutte le variabili che devono essere utilizzate in un processo di cambiamento pianificato, tuttavia non chiarisce bene come tutti questi elementi si combinino realmente: la razionalità del modello dà per scontata la capacità dell'organizzazione di recepirlo e di attuarlo in funzione del miglioramento delle proprie performance. Così dinanzi a risultati inferiori alle attese, si finisce per criticare il modello e lo strumento introdotto andando alla ricerca di altre soluzioni, magari più razionali, più raffinate tecnicamente o semplicemente più "alla moda", senza riuscire a comprendere che il problema non è nello strumento, bensì in una scarsa attenzione alla gestione dei problemi di adattamento e di resistenza che tale strumento può generare, in una superficiale conoscenza dell'organizzanone; insomma, in una concezione troppo tecnocratica e meccanicistica del cambiamento.

La realtà è che ogni intervento sull'organizzazione di un'azienda sanitaria, sia esso la ridefinizione della struttura organizzativa, l'introduzione di sistemi di budget o la semplice modifica degli orari di funzionamento di una sala operatoria, introdotto come soluzione "razionale" a problemi di funzionamento, può potenzialmeute generare nuovi problemi. Ogni modifica all'organizzazione è un turbamento di un equilibrio precedente, uno shock più o meno forte (a seconda dell'entità dell'intervento e degli interessi in gioco); l'aspetto critico del cambiamento, dunque, non risiede nella progettazione del nuovo modello o nella definizione delle nuove regole operative, bensì nella gestione dei processi di adattamento e di reazione che esso genera. Un approccio troppo centrato sulle soluzioni, che considera l'organizzazione come lo strumento che automaticamente le adotterà in virtù della loro "razionalità intrinseca", del tipo: 'c'è un problema di integrazione tra Unità Operative? Basta fare i Dipartimenti...", è destinato a incontrare grossi ostacoli nella fase di attuazione.

3.3 L'approccio processuale-culturalista.

In virtù di queste difficoltà nella gestione dei processi di cambiamento, della consapevolezza di una naturale 'inerzia" o "recalcitranza" dell'organizzazione alla trasformazione delle proprie routine, si è affermato anche un altro approccio maggiormente centrato sulla dimensione psicologica e culturale del cambiamento.

Esso colloca la principale fonte del cambiamento nella capacità di modificare le mappe cognitive e gli schemi d'azione delle persone. Se la cultura organizzativa è «l'insieme coerente di assunti fondamentali che un dato gruppo ha inventato, scoperto o sviluppato, imparando ad affrontare i suoi problemi di adattamento esterno e di integrazione interna» (Schein, 1985), il problema del cambiamento organizzativo si pone principalmente come problema di cambiamento culturale e deve essere centrato congiuntamente sugli individui e sulle loro relazioni interpersonali all'interno del gruppo.

A partire da queste considerazioni, un ampio filone di studi e di esperienze di cambiamento guidato all'interno delle organizzazioni ha posto l'accento sul ruolo del gruppo e della leadership nei processi di cambiamento. Dal momento che il gruppo è il soggetto che detiene e sviluppa la propria cultura, e che quest'ultima condiziona il funzionamento e l'evoluzione dell'organizzazione (anche attraverso meccanismi di trasmissione e socializzazione ai nuovi membri), il compito del leader e di chiunque voglia introdurre un qualche cambiamento nel sistema è quello di intervenire nei processi di formazione, trasformazione o distruzione della cultura organizzativa.

Questo approccio ha il merito di riconoscere la natura processuale dell'organizzazione e la necessità di penetrare all'interno della "scatola nera"; i processi di adattamento e di integrazione che gli individui mettono in atto all'interno dello loro relazioni di scambio (nei processi decisionali, di comunicazione, di cooperazione ecc.) condizionano il funzionamento e lo sviluppo dell'organizzazione, quindi anche l'efficacia di ogni intervento di cambiamento. Rispetto a un'impostazione rigidamente strumentale, questo approccio riconosce l'autonomia e il margine di imprevedibilità del sistema organizzativo; il focus del cambiamento si sposta quindi dalla logica del controllo a quella dell'apprendimento: il management non ha il compito di progettare e controllare il processo di cambiamento, bensì quello di stimolare e di sviluppare (con adeguati strumenti formativi, di incentivazione, di comunicazione) la capacità autonoma di apprendimento insita all'interno dell'organizzazione.

Tuttavia anche questo approccio può incontrare dei limiti, laddove considera la cultura come variabile prioritaria di ogni cambiamento. Questa ipotesi condurrebbe a una conclusione assurda, quella per cui ogni cambiamento, sarebbe impossibile se non cambiano le persone e le loro culture. Anche qui l'esperienza mostra che situazioni di rottura o di innovazione possono realizzarsi anche a prescindere dal cambiamento culturale. O, meglio, la cultura può seguire, può rinnovarsi proprio a partire dalla sperimentazione concreta di nuove modalità di azione collettiva e di cooperazione.

3.4 L'approccio strategico. I rapporti umani non si trasformano semplicemente perché cambia il contesto o una qualche condizione materiale. Né cambiano soltanto quando cambiano le culture e gli atteggiamenti individuali e/o collettivi. Questo tipo di determinismo è stato ampiamente disconfermato dall'evidenza. I rapporti cambiano se i soggetti sono capaci di organizzarsi in un gioco di relazioni diverso rispetto a quello in cui operavano in precedenza

Analogamente, nessuna organizzazione cambia perché "si deve", ma solo perché entra in crisi il suo modo di funzionamento, quando esso non è più "sostenibile" dai soggetti che hanno contribuito a costruirlo. L'apprendimento nasce così da una tensione, da un conflitto, da una rottura di stabilità: a poco a poco le persone sperimentano e definiscono nuove norme, nuove teorie d'azione, nuovi costrutti collettivi. Non sempre i cambiamenti avvengono perché sono stati decisi e deliberati; anzi tradizionalmente nella Pubblica Amministrazione non si avverte il bisogno di cambiare se non quando la crisi esplode in tutta la sua evidenza e ineversibilità.

Di qui l'esigenza di basare il cambiamento su un approccio strategico, che sappia stimolare le capacità di apprendimento.e di innovazione di un'organizzazione non dall'esterno, bensì facendo leva proprio sul suo passato, sulle sue risorse intrinseche, sul proprio potenziale. L'organizzazione non è né una macchina da programmare a priori, né un insieme di persone da manipolare" o da "motivare" al perseguimento di obiettivi comuni: entrambe queste ipotesi appaiono al tempo stesso semplificatrici e utopiche, perché negano la libertà e il margine di imprevedibilità del comportamento umano.

Le aziende sanitarie, al pari di altre pubbliche amministrazioni, scontano una assenza di approccio strategico al proprio vertice, una tradizione di riforme guidate da criteri di regolamentazione astratti, universali, lontani dalla realtà. Sono organizzazioni che hanno bandito dal proprio codice genetico il flusso dell'esperienza. Un approccio strategico, invece, muove dalla conoscenza profonda dell'organizzazione sulla quale si vuole intervenire, da una consapevolezza dei propri punti di forza e di debolezza, da una lettura critica e approfondita dei vincoli culturali e di potere che ne limitano lo sviluppo, così come da una valutazione del potenziale di innovazione che essa possiede.

Porre al centro la strategia vuol dire quindi considerare il cambiamento organizzativo come quel processo di apprendimento collettivo che passa soltanto attraverso una trasformazione dall'interno del sistema di relazioni, come auto-adattamento reciproco tra le sue componenti, quindi come auto-organizzazione.

Nella tabella 2 i diversi approcci sin qui analizzati vengono messi schematicamente a confronto. È evidente come la natura del cambiamento organizzativo renda particolarmente inadatti i primi due tipi di approcci. Concepire l'organizzazione unicamente come un insieme di regole o come una razionale costruzione di coerenze sistemiche può essere molto rassicurante.

Tuttavia la realtà ci si presenta sotto forma diversa: i fini dell'organizzazione sembrano essere più la risultante di dinamiche di potere e di continui adattamenti che non un dato unitario e unificante; le "strutture" organizzative una volta considerate l'oggetto prioritario di analisi e progettazione, appaiono molto meno "strutturanti" dei processi e delle transazioni tra attori; gli stessi comportamenti individuali all'interno dell'organizzazio cle appaiono sempre più variabili nel tempo, contraddittori, difficilmente generaliizzabili.

Con questo non si vuole dire che il cambiamento non richieda nuove regole formali (primo approccio) e l'esistenza di un progetto. di un piano deliberato (secondo approccio). Per le aziende sanitarie, per esempio, grosse spinte al pambiamento sono venute proprio dalla riforma del pubblico impiego e dai decreti legislativi di riforma del SSN, così come ogni azienda sanitaria deve dotarsi di adeguati documenti di pianificazione strategica e di programmazione operativa. In un certo senso, qundi, tutti e quattro gli approcci si integrano.

Muoversi in questo quadro di complessità e di indeterminatezza richiede comunque di intervenire nell'azienda in modo molto meno rigido e a priori di quanto non si faccia tradizionalmente, pena il rischio che i cambiamenti normativi o deliberati restino sulla carta o si blocchino lungo il percorso, come abbiamo visto nel caso riguardante i dipartimenti ospedalieri.

Tabella Quadro sinottico degli approcci al cambiamento organizzativo

Approccio	Giuridico-formale	Razionale-strumentale	Culturale	Strategico
Visione dell'organizzazione	Insieme di regole	Strutture che si adattano all'ambiente	Sistema di simboli, valori assunti di base	Sistema di relaziori che si autodetennina
Visione del cambiamento	A priori Universale	Sistemico Contingente Pianificato	Processuale Dall'interno Guidato	Processuale Dall'interno Auto-prodotto
Variabili rilevanti	Norme	Strutture Progettazione Organizzativa	Cultura organizzativa Motivazione Leadership	Strategia Attori-chiave Conoscenza
Ruoli critici	Legislatore	Pianificatore	Leader	Stratega
Limiti	Cambiamento	Incapacità di	Voler	Cambiamento

	come adempimento formale	leggere l'organizzazione dall'interno	cambiare la cultura "a tutti i costi' *(rischio potenziale)*	come concertazione di tutto *(rischio potenziale)*

Tabella 5 Gli assi per la gestione del cambiamento organizzativo

Par. 4   UN MODELLO DI RIFERIMENTO BASATO SULLA STRATEGIA DI CAMBIAMENTO

Esiste oramai in letteratura una fiorente produzione (di 'guide' alla gestione del cambiamento. Ognuna di esse cerca in qualche modo di definire un percorso, di fornire uno schema interpretativo attraverso il quale rendere il processo di cambiamento efficace. In questa sede non faremo una rassegna di tali approcci, rinviando ai riferimenti in bibliografia. Il nostro obiettivo è quello di definire un nostro modello di riferimento, o quanto meno alcuni punti fermi che, a nostro avviso, devono caratterizzare una gestione efficacedel cambiamento organizzativo.

Il nostro ragionamento si focalizza intorno a quattro componenti centrali del processo, che possiamo considerare anche come gli assi principali del modello:

1. la strategia di cambiamento;
2. la conoscenza del sistema;
3. le persone e i ruoli critici;
4. la comunicazione.

4.1 Porre la strategia di cambiamento al centro

39   Claudio Lolli

Innanzitutto, nessun cambiamento organizzativo può essere realizzato in modo efficace senza una strategia che accompagni il processo di apprendimento. Molti dei cambiamenti messi in atto nelle aziende sanitarie, anche quelli più profondi e radicali, perdono nel tempo di efficacia e di intensità proprio perché, dopo una fase iniziale di lancio e di mobilitazione delle persone, non vengono adeguatamente sostenuti e guidati.

Questa "perdita di tensione" intorno al progetto di cambiamento comporta in genere due conseguenze. Da un lato, gli individui coinvolti si demotivano o ricevono dall'organizzazione il segnale che quel progetto non è più prioritario, quindi riducono la loro attenzione; la minore visibilità e centralità del progetto giustifica comportamenti di protezione formalista (limitarsi a fare quanto richiesto) o di progressivo riassorbimento del cambiamento nelle routine preesistenti. Dall'altro, il vertice aziendale finisce per lamentare "l'inerzia" dell'organizzazione al cambiamento, la lentezza e la rigidità del sistema. Questi due fenomeni, come è evidente, possono rinforzarsi reciprocamente: l'enfasi sull'inerzia acuisce la contrapposizione individuo-organizzazione, porta a privilegiare la logica del controllo su quella dell'apprendimento e a ricorrere alla norma come strumento di governo; allo stesso tempo, le strategie di 'defezione" dei singoli confermano l'esistenza di una "resistenza" al cambiamento (le famose profezie che si autoavverano). Questo circolo porta infine a una situazione di stallo o di affievolimento progressivo del cambiamento, il quale rimane a metà, perde la rotta, e il più delle volte finisce per essere "normalizzato".

Ora, è indubbio che all'interno del sistema organizzativo la situazione di interdipendenza e di gioco collettivo (così come definita in precedenza) crea per propria natura delle potenziali resistenze al cambiamento. Nessuno cambia, come abbiamo detto, "per convenzione", ma quando percepisce nel cambiamento una possibilità di miglioramento, un beneficio che compensi il costo che esso comporta, la perdita di qualcosa.

Le resistenze al cambiamento, che tanto spazio spesso incontrano nelle teorie o nelle difficoltà dichiarate da chi è responsabile dell'efficacia dei cambiamenti (direzioni aziendali, responsabili di struttura ecc), in realtà devono essere considerate fisiologiche e connaturate al tipo di sistema in cui si verificano.

Gestire il cambiamento consiste innanzitutto nel partire da una conoscenza delle cause .sistemiche (ancor più che individuali) di tali resistenze, da una ricostruzione delle razionalità a esse sottese, anziché dal giudizio.

Ritenere che, se il progetto di cambiamento è razionale e ben pianificato, ogni insuccesso del cambiamento sia da imputare alle resistenze e all'inerzia del sistema, vuoi dire avere una concezione tecnocracica, astratta e perdente del cambiamento. Vuoi dire perdere di vista un dettaglio fondamentale, che non esiste nessun processo di apprendimento che possa essere realizzato dall'esterno, a priori. o addirittura a prescindere dal sistema che deve attuarlo. In altri termini, allorché delle strategie di cambiamento apparentemente razionali e innovative falliscono, è prassi assai comune nelle organizzazioni darne colpa al sistema, il quale non avrebbe saputo recepire e attuare quella strategia; noi invece riteniamo che si debba "incolpare" principalmente la strategia, che non è stata formulala in modo da favorire l'attivazione di un processo di apprendimento da parte di quel sistema.

In quest'ottica, la strategia di cambiamento è una variabile anomala del modello, in quanto ricomprende le altre tre variabili (la conoscenza, le persone, la comunicazione), vale a dire si costruisce proprio attraverso una combinazione di esse.

Ma chi deve essere, all'interno dell'azienda sanitaria, il responsabile della strategia? Chi è il demiurgo che combina queste variabili in modo da rendere efficace il processo di cambiamento? Indubbiamente il ruolo chiave, il primo motore del processo deve essere il Direttore Generale. È lui il responsabile del governo e quindi anche dei risultati dell'azienda; è lui quindi il principale interessato al cambiamento (o al non cambiamento) dell'organizzazione. il nostro modello attribuisce quindi al Direttore Generale il compito di avviare, presidiare e governare il cambiamento, attraverso una capacità di utilizzo strategico delle leve di cui dispone.

L'approccio che qui proponiamo, tuttavia, ci impedisce di ritenere che il Direttore Generale possa essere l'artefice del cambiamento, il demiurgo che, grazie alla legittimazione e ai margini di autonomia di cui dispone, può determinare da solo una trasformazione radicale dell'azienda. Ricadremmo in una visione deterministica, tecnocratica ed esogena del cambiamento, e in una visione meccanica e razionale dell'organizzazione. Se invece vediamo l'organizzazione aziendale come rete di relazioni che si autostrutturano e si autodeterminano, la Direzione Generale non è esterna alla rete, ma interna a essa. Il Direttore Generale non può far altro che cercare di costruire dall'interno delle nuove regolazioni, creare le condizioni affinchè il sistema sia in grado nel tempo di cambiare se stesso. Egli non potrà imporre all'organizzazione nuove regole, ma cercare di far sì, attraverso appunto un uso strategico di alcune risorse, che l'organizzazione se ne appropri, le sperimenti, le metabolizzi. Elaborare una strategia di cambiamento non vuoi dire dunque organizzare l'azienda in modo diverso secondo un piano predefinito, ma inserirsi all'interno del sistema e farlo evolvere, costruendo progressivamente e in modo diverso le relazioni e i rapporti umani che lo caratterizzano.

In questo compito appaiono rilevanti dunque tutti i soggetti coinvolti in quella rete di relazioni. Come vedremo, l'esito del processo dipende proprio dalla modalità del loro coinvolgimento e della loro partecipazione.

4.2 Partire dalla conoscenza del sistema

La strategia di cambiamento deve essere basata innanzitutto sulla conoscenza del sistema e sulla ricostruzione delle sue logiche d'azione, molto più che su modelli e soluzioni predefiniti. Spesso le aziende sanitarie sottovatutano le

Claudio Lolli

proprie potenzialità di apprendimento per una mancanza di conoscenza: non riescono a valorizzare le risorse interne, non tengono conto delle nicchie di innovazione già presenti, non riescono a mobilitare quelle persone che invece sarebbero disponibili ad assumere un ruolo attivo nel cambiamento.

Chi è in grado di ricostruire, al di là dei documenti formali prodotti, quel che realmente avviene all'interno delle aziende sanitarie, quali sono le modalita di cooperazione (o di non cooperazione) che gli individui hanno costruito, chi ha il potere di bloccare il sistema o di farlo evolvere, e per quali motivi?

Questa mancanza di conoscenza produce degli stereotipi (il più classico 'il dipendente pubblico è resistente al cambiamento") e non consente di andare a vedere realmente le potenzialità, quegli spazi reali di innovazione e di cambiamento che ogni organizzazione invece possiede.

L'azienda rimane una scatola nera, inesplorata. Al Direttore Generale il compito di generare, nei modi che vorrà, nuovi output da quella scatola. Se questa non avverrà si potrà rimuovere quel direttore, ma nessuno andrà a vedere cosa si è prodotto all'interno del *black box*. Cosi si perpetua la logica dei "capro espiatorio" o del' "uomo della Provvidenza" (a seconda dell'esito), perdendo l'oppottunità di valorizzare le capacità collettive presenti all'interno delle aziende e di produrre una conoscenza utile per l'azione.

In conclusione: le aziende sanitarie cambiano, evolvono di continuo; sulla spinta della riforma si generano delle trasformazioni, ma in un modo ancora rudimentale e spontaneo occorre superare il gap di conoscenza sulle aziende e l'incapacità del sistema di riflettere su se stesso per capitalizzare i successi dell'esperienza e favorire reali e duraturi processi di apprendimento.

Questo gap può essere superato attraverso un maggiore investimento in competenze, strumenti e tecniche di:

- analisi e diagnosi organizzativa;
- progettazione organizzativa
- valutazione dei processi di cambiamento.

Erroneamente talvolta si ritiene che la gestione del cambiamento sia una fase conclusiva di un processo di riorganizzazione consequenziale alle fasi di analisi e di progettaziofle. Nel nostro modello, la strategia di cambiamento incorpora all'interno le tre fasi; infatti, il modo stesso in cui vengono condotte l'analisi e la progettazione (chi, con quali strumenti, con quali tempi, con quale approccio metodologico, con quale grado di comunicazione e partecipazione ecc.) condiziona in modo determinante l'esito e l'efficacia del cambiamento.

Uno dei requisiti principali che la strategia di cambiamento deve possedere è la sua fattibilità. Investire sulla conoscenza vuol dire partire sempre dal reale, dall'esperienza concreta, senza perdersi in piani astratti, belli ma irrealizzabili. L'analisi, il check-up organizzativo, l'esplorazione dei punti di forza e di debolezza dell'organizzazione, la diffusione di tali risultati e una permanente capacità di antovalutazione sono i cairdini intorno ai quali sviluppare delle reali capacità di apprendimento. Senza tale conoscenza prioritaria, in ordine di importanza e di tempo, l'esito del processo di cambiamento è casuale e difficilmente governabile.

4.3 Far emergere e valorizzare i ruoli critici. Porre al centro la persona significa considerare l'organizzazione come un sistema di rapporti umani e, di conseguenza, il cambiamento come una modifica collettiva di tali rapporti. Concretamente, questo vuol dire che in un processo di cambiamento la mobilitazione e la partecipazione degli attori è condizione indispensabile. E' compito quindi di chi è responsabile del processo far emergere e valorizzare i ruoli critici, facendo uso di alcune leve.

4.3.1. L'ascolto. Investire sulla conoscenza del sistema e sulle persone che ne fanno parte vuoi dire innanzi tutto entrare nell'organizzazione, ascoltare. Nessu Direttore Generale, nessun consulente di organizzazione o staff aziendale dovrebbe avere l'arroganza di sapere in che modo intervenire all'interno di un'azienda sanitaria senza aver dedicato prioritariamente tempo all'ascolto, al recupero di informazioni, della memoria, della cultura e dell'"'intelligenza" di quell'azienda.

4.3.2 La fiducia. Elaborare una strategia di cambiamento vuoi dire confidare nella capacità degli uomini di trovare essi stessi le soluzioni ai loro problemi, attraverso una migliore capacità di comunicazione e di cooperazione. Avere fiducia non vuol dire negare la natura politica e potenzialmente conflittuale del cambiamento; chi deve gestire il processo troverà sempre ostacoli e resistenze, contro le quali dovrà combattere e lottare. Qui si vuole sottolineare come la strategia debba essere posta in essere "con" e non "contro" l'organizzazione, creando le condizioni all'interno perché quelle resistenze e quei conflitti vengano risolti o autoregolati (per esempio espulsi, messi in minoranza, trasformati) dall'organizzazione stessa.

Fiducia nell'organizzazione non vuoi neanche dire adottare la logica della concertazione e della partecipazione a tutti i costi. Qui non si propone nessuna visione ideologica del cambiamento, secondo la quale sarebbe necessaria la totale condivisione degli obiettivi o la continua negoziazione delle scelte. Semplicemente, la fiducia è una risorsa straordinaria per un'organizzazione, in quanto consente di ridurre le informazioni (quindi i costi di transazione) necessari per effettuare le scelte; è un modo per ridurre l'incertezza, quindi il rischio insito in ogni cambiamento. Ovviamente, come ogni risorsa, deve essere alimentata e costruita attraverso delle conferme: se un leader sa rassicurare i membri del gruppo sul buon esito di un cambiamento e dimostrare successivamente che tali risultati sono stati raggiunti, costruisce un capitale di fiducia tra sé e il gruppo che renderà più agevoli ulteriori cambiamenti.

4.3.3 *La responsabilizzazione.*

L' "aziendalizzazione" del sistema sanitario ha avuto indubbiamente un grosso merito, quello di chiarire in modo ormai definitivo che il cambiamento richiede l'impegno totale e prioritario dei dirigenti nel raggiungimento degli obiettivi definiti all'interno di un processo di negoziazione delle risorse e di esplicitazione dei margini di autonomia. Anche se questo processo di responsabilizzazione incontra numerose difficoltà di attuazione (e proprio per i motivi di cui abbiamo parlato), la sua necessità non è rimessa in discussione.

Il "medico manager" sembra essere una rivoluzione all'interno del mondo: professionale, una perversione del sistema; in realtà non è altro che il ricono scimento della necessità di considerare il medico (e più in generale le figure professionali responsabili dei processi di erogazione dei servizi) come la 'risorsa-chiave' del processo produttivo. Il miglioramento della qualità dei servizi, la riprogettazione dei percorsi del paziente passano attraverso un "management di prossimità": soltanto chi è a contatto con il cittadino può: svolgere questo ruolo.

Responsabilizzare non deve tradursi nell'imposizione di un nuovo molo, nell'esercizio di un controllo da parte dell'azienda: il paradosso è infatti che quanto più la Direzione aziendale si arrocca su posizioni di principio e di gestione astratta sulla definizione di standard e di cifre che si abbattono in modo indifferenziato sulla struttura, tanto più gli operatori cercheranno di proteggersi attraverso forme di rivendicazione, di difesa di diritti, o di opacità sui dati di attività. Una Direzione lontana dalla base è in realtà una Direzione che più facilmente diventa vittima di corporativismi e di "resistenze"interne. Per questo sponsabilizzare vuol dire ascoltare e mettere a disposizione della struttura le risorse e gli strumenti di cui ha bisogno per svolgere il ruolo affidato. Occorre una coerenza tra ciò che l'organizzazione chiede al singolo in termini di impegno di risultati e ciò che quell'organizzazione offre come supporto e condizini di lavoro. Spesso le difficoltà nascono proprio da questa incongruenza. Tipico, per esempio, è il caso della formazione manageriale, utilizzata come leva di cambiamento ma in modo scollegato da altre azioni di innovazione o di riorganizzazione. Nel momento in cui non si consente ai fruitori della formazione di assumere un ruolo attivo nell'applicazione di quanto appreso, si rischia di generare, con un'azione apparentemente positiva, una maggiore frustrazione delle persone, scontento, delusione, scetticismo.

4.3.4 *La partecipazione.*

Non esiste dunque mobililazione degli attori intorno a un progetto, una responsabilizzazione attiva dette persone, senza un loro coinvolgimente come agenti del cambiamento. Se si vuole che il sistema organizzativo evolva, come si è detto, come ul sistema, e non come un insieme eterogeneo di parti sconnesse tra loro, occorre che le aziende sanitarie individuino nel personale la principale fonte del valore aggiunto dei servizi offerti. All'interno dell'organizzazione possono essere individuali i ruoli critici dei processi di cambiamento:

- gli *"innovatori"*, vale a dire coloro che elaborano nuove idee e propongono nuove modalità di organizzazione;
- gli *"analisti"*, vale a dire coloro che sanno elaborare la conoscenza necessa ria per costruire un piano, un progetto di cambiamento, sulla base delle risorse disponibili e dei modelli progettuali di riferimento;
- le *"guide'* del cambiamento, ossia coloro che possiedono una competenza più pratica e sanno mobilitare le persone intorno al progetto, assegnando obiettivi e compiti individuali, salvaguardando il raggiungimento di obiettivi organizzativi comuni.

Non sempre i ruoli coincidono nelle stesse figure; talvolta, infatti, coloro che possiedono una forte carica imprenditoriale o una chiara visione del futuro non riescono a elaborare un piano o a tradurre in modo concreto il progetto in programmi operativi.

Non sempre, inoltre, i ruoli critici sono unicamente quelli interni all'organizzazione. Per esempio, nella maggior parte dei grandi processi di organizzazione aziendale entra in gioco la figura di consulenti ed esperti esterni, con ruoli diversi (possono essere sia gli "innovatori", sia gli "analisti", sia le "guide" del processo). A volte il loro supporto si rivolge principalmente a uffici o esperti interni, collocati in staff alla Direzione aziendale, che ricoprono formalmente la funzione di Sviluppo Organizzativo. In ogni caso, nel momento in cui si avvia il processo di cambiamento tutte le risorse utilizzate (siano esse proprie dell'azienda o "acquistate" all'esterno) diventano risorse intene al processo. In un cambiamento organizzativo, il consulente esterno non può essere considerato come il terapeuta che dispone di una gamma di trattamenti, possibili e che applicherà sulla base di un suo personale e insindacabile giudizio. Egli potrà soltanto fornire interpretazioni, suggerimenti, proposte derivanti dalla sua esperienza e dalla sua diagnosi ma non potrà decretare o imporre cambiamenti ai comportamenti degli attori.

Uno dei soggetti chiave nei processi di cambiamento organizzativo è la funzione di Gestione del Personale.

Le aziende sanitarie scontano una carenza nello sviluppo di questa funzione, non riuscendo a utilizzare al meglio le competenze presenti all'interno dell'organizzazione. La strategia di cambiamento deve far leva in modo deciso su una gestione innovativa del personale per assicurare una convergenza tra le aspettative, le capacità e le prospettive di sviluppo dei singoli e gli obiettivi di crescita dell'organizzazione. In quest'ottica, la partecipazione non si ottiene con la manipolazione culturale, con stili di direzione patenrnalistici o con un appello alla "buona volontà" dei singoli, ma con la valorizzazione e il riconoscimento dei contributi da essi forniti.

4.3.5 La valorizzazione. Sempre nell'ottica della centralità delle persone e quindi di una strategia di cambiamento che faccia leva sul potenziamento della funzione di Gestione del Personale (quale risorsa "strategica" per l'appunto), le aziende sanitarie devono acquisire strumenti per valorizzare gli "agenti di cambiamento":

- un'informazione precisa e dettagliata sul loro ruolo e sulla loro funzione all'interno del processo;
- rendere possibile la mobilità interna, soprattutto laddove richiesta dai soggetti stessi;
- rendere trasparenti i criteri di valutazione e i percorsi di carriera;
- integrare la formazione individuale all'interno di un progetto di cambiamento condiviso,

di un percorso di sviluppo professionale e di un piano di formazione aziendale;

- riconoscere e premiare i risultati con incentivi economici e organizzativi.

La valorizzazione non deve essere concepita esclusivamente (né principalmente) come valorizzazione dei singoli, ma anche come riconoscimento del lavoro di équipe del gioco di squadra. Esite sempre, infatti, nel rapporto tra individuo e azienda sanitaria, un livello intermedio, dato dal proprio gruppo di appartenenza (il reparto, l'équipe, il servizio ecc.) che media e condiziona in modo determinante le aspettative, le motivazioni e il comportamento dei singoli. Spesso, dietro le resistenze o il rifiuto di politiche di valutazione e incentivazionne "meritocratiche", si cela proprio la paura del deterioramento del clima organizzativo a livello micro, laddove più importanti sono le relazioni di lavoro basate su una reciproca interdipendenza.

La valorizzazione del personale significa quindi innanzitutto la scoperta delle capacità di innovazione provenienti dal basso, il riconoscimento di quelle risorse di auto-organizzazione e di auto-apprendimento che le persone hanno già costruito nel tempo. Nessuna Direzione dovrebbe mai partire dal presupposto che, per cambiare, le persone abbiano bisogno di "ordini" dal centro; la realtà delle aziende sanitarie ci fornisce una straordinaria varietà di casi di innovazione generati dalla volontà e dalla capacità degli operatori, indipendentemente dalle politiche aziendali (o addirittura malgrado queste). La strategia di cambiamento deve prevedere azioni di valorizzazione e di diffusione all'interno dell'organizzazione di un patrimonio di esperienze e di competenze che altrimenti rischia di perdersi: la costruzione di una "memoria" organizzativa è un risultato importante, segno di una capacità di valutazione dei propri successi e insuccessi.

4.3.6 La comunicazione. Quanto sinora detto ci porta a considerare ormai in modo evidente la necessità, all'interno di un processo di cambiamento che voglia essere efficace, di un uso strategico della comunicazione.

E una variabile che merita di essere considerata a parte e assolutamente centrale nel processo; essa infatti attraversa tutte le fasi e l'utilizzo che se ne fa condiziona in modo decisivo l'esito di ciascuna.

Comunicare in modo strategico vuol dire:

• informare i soggetti della necessità e della volontà di avviare il processo di cambiamento;
• restituire all'organizzazione i risultati della fase di analisi e diagnosi organizzativa;
• illustrare e discutere le proposte emerse dalla progettazione organizzativa;
• definire in modo chiaro i ruoli e le modalità di partecipazione degli attori al processo;
• esplicitare i criteri di valutazione e i risultati emersi al termine del processo.

Ma comunicare vuol dire anche "ascoltare", come abbiamo detto. Quindi, più in generale il problema del cambiamento organzzativo ricade sempre nella costruzione di un sistema di relazioni diverso all'interno dell'azienda:
• ridurre la distanza tra il vertice e la base, attraverso rapporti basati più sul rispetto dei ruoli e sullo scambio di risorse (infomiazioni, risorse materiali, supporto operativo) che non sul livello gerarchico;
• decentrare e moltiplicare all' interno dell' organizzazione i luoghi e i momenti di confronto e comunicazione;
• considerare il cambiamento non come un problema della direzione o degli staff aziendali, ma come un processo di crescita collettiva;
• fondare il cambiamento sulla sperimentazione, sullo scambio di esperienze, sulla diffusione concreta dei risultati e delle conoscenze anziché sulla meltiplicazione di documenti e progetti formali.

Adottare un approccio strategico, come qui si propone, vuole dire, in ultima analisi, che il cambiamento è imprevedibile e che ogni tentativo di governarlo soltanto razionalmente si scontra con la sua natura processuale e complessa. Flessibilità vuol dire accettare il cambiamento come un'esplorazione continua, in cui i soggetti sperimencano insieme le diverse fasi di ideazione monitoraggio e valutazione. L'attenzione all'esperienza e all'azione reale conta più del rispetto del piano e della regolamentazione.

47   Claudio Lolli

BIBLIOGRAFIA

Donabedian - *«La Qualità dell'assistenza»*, cit. in E. GRANAGLIA (a cura di), *Privatizzazioni e Servizio Sanitario Nazionale. Alcune riflessioni a proposito dei mercati interni*, Politeia, n. 56, 1993, pag. 84.

G. Rebora - Manuale di Organizzazione Aziendale- ed Carocci

Lorenzini F., Lorenzini V., - *I sistemi premianti nei servizi sanitari pubblici*, Edi SES, Napoli, 1997.

Lorenzini V., Meucci F., Burchietti F., Sacco F., - *Il Contratto dei medici e della dirigenza*, Esse Editrice, Roma, 2001.

Parsons T., - *Il sistema sociale* (cap. X), Ed. di Comunità, 1965.

PSN 94-96, pag. 61 - Proposta di linee guida sui criteri del processo di accreditamento delle strutture e dei professionisti di cui all'art. 8 del d.lgs. 502/92 e successive modifiche ed integrazioni, pag. 4, Hospital '96, Bologna, 24 maggio 1996. Milano, 1994.

Stame N. - *L'esperienza della valutazione, cit., p. 19.*

FONTI LEGISLATIVE

C.C.N.L. per l'area della dirigenza medica e veterinaria, S.O. alla **G.U. n.304** del 30/12/1996.

C.C.N.L. per l'area della dirigenza sanitaria amministrativa, tecnica e professionale, S.O. alla G.U. n. 304 del 30 Dicembre 1996.

C.C.N.L. per l'area della dirigenza medica e veterinaria, S.O. alla G.U. n. 170 del 22/07/2000.

C.C.N.L. per l'area della dirigenza sanitaria amministrativa, tecnica e professionale, S.O. alla G.U. n. 170 del 22/07/2000.

Decreto legislativo n. 229 del 19/06/1999, S.O. alla G.U. n. 165 del 16/06/1999.

Decreto legislativo n. 286 del 30/07/1999, S.O. alla G.U. n. 193 del 18/08/1999.

Decreto legislativo n. 502 del 30/12/1992, modificato dal decreto legislativo n. 517 del 07/12/1993, S.O. alla G.U. n. 4 del 07/01/1994.

Decreto legislativo n. 29 del 03/02/1993, S.O. alla G.U. n. 30 del 06/02/93.

Legge n. 833 del 23/12/1978, S.O. alla G.U. n. 360 del 28/12/1978.

Legge n. 59 del 15/03/1997 (Bassanini), S.O. alla G.U. n. 63 del 17/03/1997.

Legge n. 142 del 08/06/1990, S.O. alla G.U. n. 135 del 12/06/1990.

Legge n. 241 del 07/08/1990, S.O. alla G.U. n. 192 del 18/08/1990.

Legge n. 421 del 23/10/1992, S.O. alla G.U. n. 257 del 31 Ottobre 1992.

Piano Sanitario Regionale (1998-2000), Regione Abruzzo,